Grado 3

Tu turno
Cuaderno de práctica

Mc
Graw
Hill
Education

www.mheonline.com/lecturamaravillas

Contenido

Unidad 1 · Aprender para crecer

Contenido

Unidad 2 · Resuélvelo

Contenido

Unidad 3 · Único en su especie

Contenido

Unidad 4 · Vence obstáculos

Contenido

Unidad 5 · ¡Manos a la obra!

Contenido

Unidad 6 · Pensar una y otra vez

Nombre _____

agujero	arrancar	descubrir	empujar
inspirar	oscuridad	recetar	ruido

Responde cada pregunta con una palabra del cuadro. Luego escribe una oración con esa palabra.

1. ¿Cómo se llama una abertura más o menos redonda en un calcetín?

_____

2. ¿Qué palabra significa *quitar con fuerza una cosa*? _____

_____

3. ¿Qué haces cuando despiertas el interés por algo en otras personas? _____

4. ¿Qué significa *mover con fuerza* una cosa? _____

_____

5. ¿Qué hace el médico cuando debes tomar una medicina? _____

_____

6. ¿Qué palabra significa *encontrar algo por primera vez?* _____

_____

7. ¿Qué palabra usas para describir la falta total de luz?

_____

8. ¿Qué palabra significa *sonido muy alto y molesto?* _____

_____

Nombre _____

Lee el texto. Completa el organizador gráfico de personaje.

Personaje	
Deseos o necesidades	**Sentimientos**
Acciones	**Características**

Nombre _____

Lee el texto. Usa la estrategia de visualizar para imaginar lo que sucede en la historia.

Rescate en el río

Enid vivía en la selva con su familia y sus amigos. Su hogar
13 | tenía árboles verdes, arroyos de aguas azules y flores hermosas.
23 | Tenía suficientes frutas sabrosas para comer toda su vida.

32 | Lo único que a Enid le gustaba aun mucho más que la selva era
46 | la lectura. Leía historias sobre peces. Leía historias sobre perros.
55 | Leía historias sobre los castillos de Francia. A veces, sus amigos le
66 | decían que leía demasiado.

71 | —¡Enid! Siempre tienes la trompa metida en un libro! Si lees
82 | mucho te dolerán los ojos —solía decir su amiga Mabel—. Deja de
93 | leer y ven a nadar.

101 | —Iré a nadar más tarde. Estoy leyendo acerca de una niña que
113 | tiene zapatos de color rojo rubí.

119 | Después de cenar, Enid leía sus historias preferidas a sus
129 | amigos. Ellos la escuchaban un rato, pero siempre había alguno
139 | que decía: "Escuchar historias no es divertido. ¡Vamos a jugar!"

149 | Enid seguía leyendo. Ella quería inspirar a sus amigos para
159 | que leyeran.

161 | Un día, después de una gran lluvia, Enid estaba leyendo una
172 | historia acerca de un castor que construía una represa. En la
183 | mitad, escuchó un fuerte ruido y un grito.

191 | Los libros nos ayudan a ser educados. Pero hasta Enid dejaría
201 | un libro a un lado si alguien necesitaba ayuda.

211 | —¡Socorro! —dijo una voz suave y tenue. Provenía de la orilla
224 | del río.

226 | —¡Conozco esa voz! —dijo Enid—. ¡Es mi amiga Mabel!

Nombre _____

Enid corrió hacia donde provenía la voz de Mabel. Cuando llegó al río, se sintió sorprendida y conmovida ante lo que veía. El agua, que normalmente era tranquila y apacible, se agitaba en oscuros remolinos y olas blancas rompían contra la orilla. En el lado opuesto del río estaba la pequeña Mabel.

—¿Qué podemos hacer, Enid? —preguntó su amigo Haroldo—. Íbamos a jugar en el río. Mabel cruzó para recoger algunas frutas para el almuerzo. Y de pronto, ¡todo cambió! El río se hizo más profundo y más ancho. Fue algo mágico.

—No fue magia —dijo Enid—. Fue una inundación. Lo leí en un libro. A veces, cuando llueve mucho, los ríos crecen y su tamaño aumenta sin aviso.

—¿Qué podemos hacer para ayudar a Mabel? —preguntó Haroldo—. ¿También leíste sobre qué hacer para ayudar cuando los ríos crecen?

Enid recordó el libro sobre la represa del castor y dijo: —¡Sí! Podemos construir una represa. Es como un muro en el río. Hace que el agua fluya más lentamente. Cuando el nivel del agua baje, Mabel podrá cruzar sin problema.

—¿Y cómo podemos construirla? —preguntó Haroldo.

—Así —dijo Enid. Y comenzó a empujar grandes piedras para construir un muro en el río. Sus amigos la ayudaron a construir la represa. Muy pronto quedó terminada y el agua comenzó a bajar. Mabel descubrió que podía cruzar sin inconvenientes.

A partir de ese día, los amigos de Enid disfrutaban de leer libros con ella y escuchar las historias que les contaba.

Nombre _____

A. Vuelve a leer el texto y responde las preguntas.

1. Las acciones de Enid al principio de la historia, ¿qué te dicen sobre ella?

_____

_____

2. ¿Por qué crees que Enid quiere que sus amigos lean?

_____

_____

3. Si a Enid no le hubiera gustado leer, ¿qué habría sido diferente en la historia?

_____

_____

B. Trabaja con un compañero o compañera. Lean el texto en voz alta. Presten atención a la expresividad. Deténganse después de un minuto. Completen la tabla.

	Palabras leídas	–	Cantidad de errores	=	Puntaje: palabras correctas
Primera lectura		–		=	
Segunda lectura		–		=	

Una sorpresa para el ratón de biblioteca

—Tú no eres un ratón de biblioteca de verdad —dijeron las orugas—. A ti también te gusta jugar. ¡Ven con nosotras! Ya es hora de tejer nuestros capullos. Pronto estaremos listas para ser mariposas.

El ratón de biblioteca se sorprendió. Sentía admiración por las alas de las mariposas, pero nunca había soñado ser una de ellas.

—Simplemente quiero quedarme aquí y comerme los libros —dijo.

—No te preocupes, las mariposas también pueden comerse los libros, como tú —dijo la oruga—. ¡No necesitas ser un ratón de biblioteca para que te gusten los libros!

Responde las preguntas sobre la selección.

1. **¿Cómo sabes que esta historia es una fantasía?**

_____

_____

2. **¿Por qué al principio el ratón de biblioteca no quiere cambiar?**

_____

_____

3. **¿Por qué las orugas deben darse prisa?**

_____

4. **¿Qué enseñanza nos deja esta historia de fantasía?**

_____

_____

Nombre _____

Lee cada pasaje. Subraya el sinónimo que tenga el mismo significado que la palabra en negrilla. Luego, escribe el significado de la palabra sobre la línea.

1. Me entusiasmaba la idea de ir al campo a recoger manzanas. Me **gustaba** hacer tartas y pastelillos con manzanas frescas. Mi hermana también adoraba las manzanas. Ella recogió el doble que yo.

_____

2. La primera vez que alguien me conoce piensa que soy **tranquilo**. Pero pronto cambian de opinión. Cuando comienzo a contar chistes, se ríen. Luego se dan cuenta de que no soy tan apacible como pensaban.

_____

3. Todos en la clase estábamos **sorprendidos** al llegar el viernes. La maestra había preparado una fiesta para nosotros. Nadie estaba enterado. A pesar de que estábamos atónitos, nos divertimos mucho.

_____

4. Mi familia dice que soy lo **opuesto** que mi hermana. Me gusta el arte. A ella, las matemáticas. Quiere tener un gato. Yo quiero un perro perfecto. Tal vez seamos completamente diferentes, pero somos muy buenos amigos.

_____

5. Nos pareció escuchar que alguien pedía auxilio, pero la voz era demasiado **tenue** y no entendíamos. A medida que nos acercamos, la voz suave se volvió más clara y descubrimos que era una niña que cantaba.

_____

Nombre _____

A. Lee el borrador de ejemplo. Usa las siguientes preguntas como ayuda para pensar cómo puedes enfocarte en un suceso central.

Borrador

La cerdita Polly siempre jugaba en el lodo. Hacía calor. Se sentía bien allí. Encontró a otro animal.

---

1. ¿En qué momento exacto la cerdita Polly jugaba en el lodo?

2. ¿Qué detalles te indican cómo era el clima?

3. ¿Qué detalles te indican cómo se sentía en el lodo?

4. ¿Qué animal vio la cerdita Polly?

B. Ahora, revisa el ejemplo con el enfoque en un suceso central. Agrega detalles que ayuden al lector a saber más acerca de lo que le sucedió a la cerdita Polly.

_____
_____
_____
_____
_____
_____

Nombre _____

El estudiante que escribió el texto de abajo usó evidencias de dos fuentes distintas para seguir la instrucción: Escribe sobre lo que aprendiste en los cuentos de esta semana.

> Esta semana leí dos cuentos que me enseñaron la importancia de ayudar a los demás.
>
> En el cuento Miedo leí sobre un niño a quien un perro lo ayuda a vencer los miedos. ¿Cómo lo ayuda? El perro tiene hambre y se come todo lo que le da miedo al niño.
>
> En "Juanita y el lobo", Juanita es una niña pobre que vive en el bosque, pero también es valiente y solidaria. ¿Cómo lo sé? En un momento, Juanita ve un enorme lobo gris llorando debajo de un árbol. Juanita ayuda al lobo quitándole una espina de la pata. Luego, el lobo ayudó a Juanita espantando a otros lobos.

Vuelve a leer el texto. Sigue las instrucciones.

1. **Encierra en un círculo** un ejemplo que muestre el suceso que ayuda al niño a vencer los miedos.

2. **Encierra en un cuadro** las características del personaje de Juanita.

3. **Subraya** los detalles descriptivos de cómo está el lobo cuando Juanita lo encuentra.

4. Escribe al menos un ejemplo de oración interrogativa del texto que escribió Alicia.

_____

Nombre _____

ahuyentar	guanaco	hogar	morada
orgullo	sendero	tradición	vigilar

Completa cada oración con la palabra de vocabulario correspondiente.

1. **(tradición)** Nuestra familia _____

   _____ .

2. **(guanaco)** Los niños fueron de excursión al zoológico _____

   _____ .

3. **(ahuyentar)** Lanzó una piedra _____

4. **(morada)** En las ramas altas de los árboles, _____

   _____ .

5. **(hogar)** Los niños _____

6. **(orgullo)** Mi mamá estaba feliz _____

   _____ .

7. **(sendero)** Para llegar al lago, _____

   _____ .

8. **(vigilar)** Mientras los niños jugaban en el parque, _____

   _____ .

Nombre _____

Lee el texto. Completa el organizador gráfico de secuencia.

Personaje

Ambiente

Principio

↓

Desarrollo

↓

Final

Nombre _____

Lee el texto. Usa la estrategia de visualizar como ayuda para comprender qué describen los personajes.

Dar gracias

12	Tomás estaba feliz. Era el día anterior al fin de semana de Acción de Gracias. Fue al comedor de su casa a observar los
24	preparativos. De repente, escuchó un susurro.
30	—¿Estás preparado para los festejos? — preguntó una
37	vocecita.
38	—Por supuesto —respondió otra voz— ¡Es el Día de Acción
48	de Gracias!
50	Tomás se sintió desorientado porque no había nadie más en el
61	lugar. Comenzó a buscar de dónde salían esas voces. Se quedó
72	con la boca abierta cuando vio que dos niños conversaban dentro
83	de un cuadro. Asombrado, se quedó escuchándolos, en silencio.
92	—En mi país no lo celebramos —respondió la niña.

Día de Acción de Gracias en Estados Unidos (101)

109	—El Día de Acción de Gracias es mucho más que diversión
120	—contó el niño—. Compartimos momentos maravillosos con la
129	familia y los amigos. Primero, participamos de un gran banquete
139	en el que comemos pavo y puré de papas. Luego, comemos
150	pastel de postre. Después del almuerzo, los niños van al parque y
162	juegan al fútbol.
165	—Pero, ¿por qué tienen esta tradición? —preguntó la niña.
174	—Para que recordemos dar gracias por la comida y por todo lo
186	que recibimos el año anterior— dijo—. El primer Día de Acción
198	de Gracias fue en el año 1621, entre los colonos ingleses y los
211	indígenas americanos.

Nombre _____

Día de Acción de Gracias en la India

—Suena fantástico —dijo la niña—. En nuestro país también damos gracias.

—¿De dónde vienes? —preguntó el niño.

—Vengo de un lugar de la India llamado Tamil Nadu —dijo—. Todos los años celebramos Pongal.

—¿Qué significa Pongal? —preguntó el niño.

—Es una comida india —respondió ella—. Durante el festival de Pongal, se cocina esta comida en ollas hasta que la comida rebasa y se derrama un poco. Es un símbolo de buenos tiempos.

—¡Qué bueno! —dijo el niño—. ¿Cómo lo celebran?

—Primero, damos gracias a la lluvia y al sol por ayudarnos con los cultivos. También agradecemos al ganado —dijo la niña—. Luego tiramos las cosas viejas y nos vestimos con ropa nueva. Comemos y compartimos en familia.

Compartiendo las tradiciones

—Pensé que Estados Unidos era el único país que tenía una celebración como el Día de Acción de Gracias —dijo el niño—. Creo que me equivoqué.

Tomás decidió participar de la conversación. Los dos niños lo miraron con asombro y guardaron silencio.

—Mi maestra nos contó que hay muchos tipos de fiestas de la cosecha en todo el mundo, en los que la gente agradece por los alimentos y los cultivos —dijo Tomás—. Creo que todos tenemos mucho por lo que estar agradecidos. Ellos no contestaron ni se movieron. ¿Habían hablado en realidad?

Nombre _____

A. Vuelve a leer el texto y responde las preguntas.

1. De acuerdo con lo que dice el niño, ¿qué es lo primero que hacen en el Día de Acción de Gracias?

   _____

   _____

2. ¿Qué hacen después?

   _____

   _____

3. En la sección "Acción de Gracias en la India", halla otro ejemplo de secuencia. ¿Qué es lo primero que ocurre en este ejemplo?

   _____

   _____

B. Trabaja con un compañero o compañera. Lean el texto en voz alta. Presten atención al fraseo. Deténganse después de un minuto. Completen la tabla.

	Palabras leídas	–	Cantidad de errores	=	Puntaje: palabras correctas
Primera lectura		–		=	
Segunda lectura		–		=	

Nombre _____

Una tradición familiar

—¿Cómo le dices adiós a tu lola, Jomar? —preguntó mi amigo Lapu. *Lola*, en filipino, significa "abuela".

—Por favor, recuérdamelo —dijo Lapu.

—En Filipinas —le expliqué— tenemos una tradición llamada *Mano Po*. Cuando dices 'hola' o 'adiós' a las personas mayores, llevas su mano a tu frente. Es un signo de respeto.

—Mira, Lapu, es así —dije, mientras le mostraba un dibujo.

—¡Ahora entiendo, Jomar! —contestó el monito Lapu—. Iré a decirle *Mano Po* a mi abuela Imelda.

Responde las preguntas sobre la selección.

1. **¿Cómo sabes que este texto es una fantasía?**

   _____

2. **¿A qué país se refiere la tradición contada en esta historia?**

   _____

3. **¿Qué enseñanza nos deja el texto?**

   _____

4. **¿Qué agrega la ilustración al texto?**

   _____

Nombre _____

Lee cada oración. Subraya las claves de contexto que te ayuden a comprender el significado de la palabra o la frase en negrilla. Luego, escribe el significado de la palabra sobre la línea.

1. **Se quedó con la boca abierta** cuando vio que dos niños conversaban dentro de un cuadro. Asombrado, se quedó escuchando, en silencio.

   _____

2. **Compartimos** momentos maravillosos con la familia y los amigos.

   _____

3. Primero, participamos de un gran **banquete** en el que comemos pavo, puré de papas. De postre, comemos pastel.

   _____

4. Durante el festival de Pongal, se cocina esta comida en ollas hasta que la comida **rebasa** y se derrama un poco.

   _____

5. —Mi maestra nos contó que hay muchos tipos de fiestas de la **cosecha** en todo el mundo, en los que la gente agradece por los alimentos y los cultivos —dijo Tomás.

   _____

Nombre _____

A. Lee el borrador de ejemplo. Usa las siguientes preguntas como ayuda para pensar cómo puedes agregar detalles descriptivos.

Borrador

Preparamos la cena de Año Nuevo. Cada invitado trae algo para compartir. Todos colaboramos. Luego esperamos hasta la medianoche para comenzar con nuestra gran cena familiar.

---

1. ¿Quién está preparando la cena?

2. ¿Qué detalles descriptivos ayudarían al lector a visualizar los personajes de la historia?

3. ¿De qué manera se ayudan unos a otros?

4. ¿Qué detalles descriptivos podrían brindar más información sobre la cena?

B. Ahora revisa el ejemplo. Agrega detalles descriptivos que ayuden al lector a saber más sobre las personas que preparan la cena.

_____

_____

_____

_____

_____

Nombre _____

El estudiante que escribió el texto de abajo usó evidencias de dos fuentes distintas para seguir la instrucción: Describe un encuentro imaginario entre Anik y una familia que festeja el Año Nuevo Chino.

El pequeño Anik iba con su arco y sus flechas. Caminó por el bosque de lengas, subió la ladera del monte, montó sobre su guanaco, cruzó valles, llegó a un lugar desconocido. Entonces tuvo un poco de miedo, porque se dio cuenta de que estaba muy lejos de casa. Anik era un niño pequeño, imaginativo, travieso, valiente y decidido.

Primero, vio a muchas personas que intercambiaban paquetes rojos. Luego, vio que compartían dulces y pasteles de arroz. Finalmente, una mujer vio a Anik y le dijo amablemente:

Ven aquí, pequeño. Celebra el Año Nuevo con nosotros.

Vuelve a leer el texto. Sigue las instrucciones.

1. **Encierra en un círculo** los detalles descriptivos del viaje de Anik.

2. **Encierra en un cuadro** las características del personaje de Anik.

3. **Subraya** las palabras que indican el orden de los sucesos.

4. **Escribe** al menos un ejemplo de oración imperativa del texto que escribió Walter.

_____

Nombre _____

admirar	asustar	biblioteca	comunidad
contribuir	practicar	pronunciar	tropezar

**Usa una palabra del cuadro para responder cada pregunta.
Luego, escribe esa palabra en una oración.**

1. ¿Qué palabra es un sinónimo de *dar miedo*? _____

   _____

2. ¿Cuál es el nombre del lugar donde consultas libros para estudiar?

   _____

3. ¿Qué palabra es un sinónimo *de ayudar*? _____

   _____

4. Cuando quieres mejorar en algo, ¿qué haces? _____

   _____

5. ¿Qué palabra significa *decir el sonido de algo*? _____

   _____

6. ¿Cuál es el nombre del grupo de gente vive en un mismo lugar y
   trabaja junta para mejorarlo?

   _____

7. ¿Qué palabra significa *pensar muy bien de*? _____

   _____

8. ¿Qué palabra significa *ir caminando y chocar con un obstáculo*?

Nombre _____

Lee el texto. Completa el organizador gráfico de secuencia.

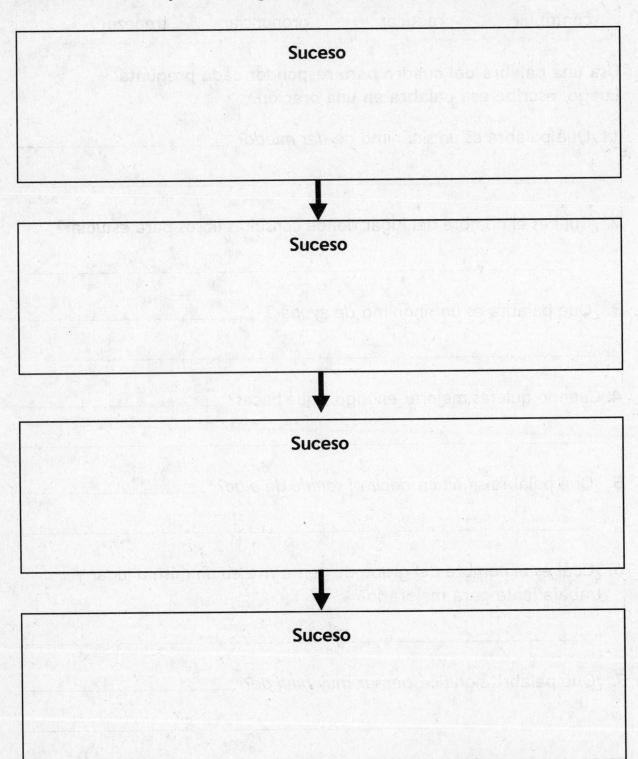

```
┌─────────────────────────────────────┐
│              Suceso                  │
│                                      │
│                                      │
└─────────────────────────────────────┘
                   │
                   ▼
┌─────────────────────────────────────┐
│              Suceso                  │
│                                      │
│                                      │
└─────────────────────────────────────┘
                   │
                   ▼
┌─────────────────────────────────────┐
│              Suceso                  │
│                                      │
│                                      │
└─────────────────────────────────────┘
                   │
                   ▼
┌─────────────────────────────────────┐
│              Suceso                  │
│                                      │
│                                      │
└─────────────────────────────────────┘
```

Nombre _____

Lee el texto. Usa la estrategia de hacer y responder preguntas para estar seguro de que comprendes lo que lees.

Joseph Bruchac

Crecer cerca de las montañas

5	Joseph Bruchac se crió en las montañas de Nueva York.
15	Vivió con su abuelo y su abuela. Al joven Joseph le encantaba
27	acompañar a su abuelo a todos lados. Él le enseñó cómo caminar
39	por el bosque sin hacer ruido y a pescar en los lagos y en los ríos.
55	De niño, Joseph se dedicaba a distintos quehaceres en la tienda
66	de sus abuelos. Cuando cometía algún error, su abuelo no le
77	gritaba ni lo regañaba. En cambio, hablaba con él sobre lo que
89	había sucedido. De esa manera Joseph sabría cómo mejorar la
99	próxima vez. Durante el invierno, los granjeros iban a la tienda.
110	Se sentaban alrededor de la estufa y le contaban historias a
121	Joseph.
122	A medida que Joseph crecía, le gustaba cada vez más leer y
134	escribir. La abuela tenía en la casa una gran biblioteca llena de
146	libros. Siempre había mucho para leer. Le gustaban los libros de
157	cuentos sobre animales. También le gustaba leer poesía. ¡Hasta
166	escribió algunos poemas él mismo! Una vez, escribió un poema
176	para su maestra. Estaba muy orgullosa.

El cuentacuentos abenaki

El abuelo de Joseph era un indígena americano abenaki. Joseph comenzó a interesarse en las historias que contaban los abenakis. Cuando Joseph estaba en la escuela, algunas veces visitaba a los ancianos indígenas americanos. Los escuchaba contar historias. Eran historias entretenidas. Pero también enseñaban interesantes lecciones de vida que lo dejaban boquiabierto. Más tarde, Joseph tuvo sus propios niños. Escribió las historias que había escuchado. Luego se las leyó a sus dos hijos. Después de esto, Joseph comenzó a escribir libros para niños. Estos libros narraban historias sobre los abenakis y otros pueblos indígenas americanos.

Ayudar a otros

En cuarto grado, la maestra de Joseph dijo: "Todo aquello que quieran hacer, deben hacerlo". Joseph quería escribir y ayudar. Y eso fue lo que hizo. Primero, comenzó a escribir cuentos. Estos cuentos enseñaban a los niños a ser buenas personas.

Mapa de la ciudad natal de Joseph Bruchac

También les enseñaban a cuidar la Tierra. Luego, Joseph visitó las escuelas de Estados Unidos. Leía sus cuentos a los niños. Ahora, Joseph ayuda a otros escritores a compartir sus cuentos.

Hoy, Joseph pasa el tiempo en su jardín, donde hay girasoles. Tiene jardines alrededor de toda su casa. El interior de la casa está lleno de plantas. Joseph ha viajado por todo el mundo. Pero todavía vive en su ciudad natal. "Es el lugar que amo", dice Joseph. Aún hoy le gusta caminar por el bosque y las montañas. Todos los días se le ocurren ideas para cuentos completamente nuevos.

Nombre _____

A. Vuelve a leer el texto y responde las preguntas.

1. ¿Qué pasaba durante el invierno en la tienda de los abuelos de Joseph?

   _____

   _____

2. ¿Qué pasó después de que Joseph les leyera cuentos a sus hijos?

   _____

   _____

3. Vuelve a leer el quinto párrafo. ¿Qué hizo Joseph después de comenzar a escribir cuentos?

   _____

   _____

B. Trabaja con un compañero o compañera. Lean el texto en voz alta. Presten atención al ritmo. Deténganse después de un minuto. Completen la tabla.

	Palabras leídas	–	Cantidad de errores	=	Puntaje: palabras correctas
Primera lectura		–		=	
Segunda lectura		–		=	

Nombre _____

El pequeño Keith

Durante la Segunda Guerra Mundial, yo era un soldado y participé de las batallas en las Islas Marshall y en Iwo Jima, en el océano Pacífico. Yo era uno de los que hablaba el código navajo. Quienes sabíamos el idioma de los navajos lo usábamos para enviar mensajes a las tropas. El enemigo no conocía este idioma y no podía leer nuestro código. Nuestra gente ayudó a Estados Unidos a ganar muchas batallas. Después de la guerra, enseñé a la gente el idioma y la cultura de los navajos.

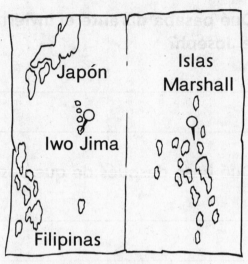

Mapa del Mar de Filipinas

Responde las preguntas sobre la selección.

1. ¿Cómo sabes que este texto es una autobiografía?

_____

_____

2. ¿Qué características del texto incluye este relato?

_____

_____

3. ¿Qué información te brinda el mapa?

_____

_____

Nombre _____

Subraya la palabra compuesta de cada oración. Luego escribe su definición. Usa un diccionario como ayuda.

1. Los cuentacuentos despiertan la imaginación en los niños.

_____

_____

2. El jardín de Joseph estaba lleno de girasoles.

_____

_____

3. Joseph ayudaba a sus abuelos con los quehaceres de la tienda.

_____

_____

4. Le contaban interesantes lecciones de vida que lo dejaban boquiabierto.

_____

_____

Nombre _____

A. Lee el borrador de ejemplo. Usa las siguientes preguntas como ayuda para pensar qué palabras puedes agregar para mostrar el tiempo y el orden de los sucesos.

Borrador

Fui a acampar con mi papá. Lo ayudé a armar la carpa. Hicimos una fogata. Cocinamos perros calientes y malvaviscos. Apagamos el fuego y nos fuimos a dormir en la carpa.

---

1. ¿Cuándo se fue el autor de campamento?

2. ¿Qué hizo primero el autor?

3. ¿Qué palabra o palabras que indican secuencia nos permitirían saber cuándo el autor cocinó los malvaviscos?

4. ¿Qué palabras señalarían lo último que hizo el autor?

B. Ahora revisa el ejemplo. Agrega palabras que muestren el tiempo y el orden para ayudar a los lectores a saber más sobre el desarrollo del campamento.

_____

_____

_____

_____

_____

Nombre _____

El estudiante que escribió el texto de abajo usó evidencias de dos fuentes distintas para seguir la pregunta: *¿Cómo pueden las personas seguir sus propios sueños y a la vez respetar sus tradiciones culturales? Usa evidencia de dos fuentes para respaldar tu respuesta.*

> Las personas pueden seguir sus sueños y respetar sus tradiciones culturales si encuentran la manera de combinar ambas cosas. Por ejemplo: Gary Soto era un soñador que amaba leer. También amaba su cultura mexicana y su familia disfrutaba la música de mariachis. Un tiempo después, ya siendo un adulto, Gary compartió su cultura mexicana con otros por medio de su escritura.
>
> La Agrupación Musical polaca de Chicago es otro ejemplo. Aman bailar y aman su cultura polaca. Siguen su sueño de compartir su cultura con sus costumbres, música y danzas. Participan de desfiles y bailan en festivales. Muestran que al combinar sus tradiciones culturales con sus sueños personales, pueden disfrutar sus dos pasiones.

Vuelve a leer el texto. Sigue las instrucciones.

1. **Encierra en un cuadro** la oración que explica la idea principal.

2. **Encierra en un círculo** el texto que te ayuda a comprender el orden de los sucesos.

3. **Subraya** la oración que resume el texto informativo.

4. Escribe el sujeto completo de esta oración: La Agrupación Musical polaca de Chicago es otro ejemplo.

Nombre _____

animar	calidad	diseñar	examinar
invento	simple	solución	sustituto

Usa una palabra del cuadro para responder cada pregunta.
Luego, incluye esa palabra en una oración.

1. ¿Qué palabra significa lo mismo que *creación de algo nuevo*?

   _____

2. Cuando un producto está bien hecho, se dice que es de buena...

   _____

3. ¿Cuál es la palabra que significa *respuesta a un problema*? _____

   _____

4. Si quisieras pintar un mural, ¿qué tendrías que hacer primero? _____

   _____

5. Cuando inspeccionas algo detalladamente, ¿qué haces? _____

   _____

6. ¿Qué palabra significa *estimular* o *dar aliento para hacer algo*?

   _____

7. ¿Cómo llamas a algo o a alguien que toma el lugar de otro?

   _____

8. ¿Qué palabra es un sinónimo de *fácil* o *sencillo*? _____

   _____

Nombre _____

Lee el texto. Completa el organizador gráfico de causa y efecto.

Causa	Efecto
Primero ➡	
Después ➡	
Luego ➡	
Al final ➡	

Nombre _____

Lee el texto. Usa la estrategia de hacer y responder preguntas para estar seguro de que comprendes lo que lees.

La nueva idea de Víctor Ochoa

11	¿Has hecho alguna vez algo que nadie había hecho antes? No es fácil. Las personas que hacen algo nuevo se llaman inventores.
22	¡Miran a su alrededor, ven qué se puede mejorar y luego lo
34	hacen! Víctor Ochoa fue una de esas personas. Creó muchas
44	cosas. Una de ellas fue una máquina voladora. Víctor observó
54	a los pájaros para dar forma a sus ideas. Quería aprender todo
66	sobre cómo volaban las aves.

71	**Muchas tareas**
73	Víctor nació en México en 1850 y creció en Texas. Vivió en
85	muchos lugares de Estados Unidos. Amaba trabajar con escritores.
94	Escribió para periódicos. Hasta fundó dos diarios nuevos. Trabajó
103	duro y nunca se rindió, sin importar cuán difícil fuera la tarea.

115	**Un nuevo avión**
118	La mente de Víctor era un motor que nunca se apagaba. Siempre
130	estaba pensando en nuevas maneras de mejorar la vida. En 1908,
141	se interesó en cómo volaban los pájaros. Calculó que podría hacer
153	un avión que volara como un pájaro. Entonces se puso a trabajar.

El centro del avión estaba hecho con dos bicicletas colocadas una junto a la otra. Se parecía un poco a un auto. Tenía un pequeño motor que se ubicaba entre las dos bicicletas. La parte de atrás tenía la forma de la cola de un pájaro. Las alas estaban hechas con lienzo y caños de acero. Lo que hacía que este avión fuera diferente era que las alas podían plegarse hacia abajo de la misma manera que las alas de un pájaro. Es por eso que podía guardarse en un pequeño galpón o cobertizo. De esta manera, todos podrían tener un avión en una casa o en una granja.

Víctor montó una compañía que pudiera fabricar este nuevo avión. Le pidió a la Armada que lo usara. Les escribió una carta contándoles por qué pensaba que su avión era justo lo que necesitaban. Trabajó mucho para que su avión volara. Trabajó en él más de veinte años. Nadie sabe si alguna vez voló.

El avión de Víctor Ochoa estaba hecho con dos bicicletas.

Otras ideas nuevas

Víctor no permitió que este problema le impidiera hacer otras cosas. Crear cosas nuevas a partir de sus ideas era la sangre que corría por sus venas. Inventó una nueva pluma que contenía su propia tinta. También inventó un motor que funcionaba tanto hacia adelante como hacia atrás.

No rendirse nunca

Víctor era un torbellino. Siempre estaba haciendo cosas nuevas. Quería ayudar a los demás con sus ideas. No todas sus ideas funcionaron. No todos los que intentan algo nuevo tienen éxito siempre. Lo importante es seguir intentándolo. Víctor Ochoa fue una persona que nunca dejó de intentarlo.

Nombre _____

A. Vuelve a leer el texto y responde las preguntas.

1. ¿Cuál fue el motivo de las acciones de Víctor en el tercer párrafo?

_____

_____

_____

2. ¿Qué efecto tuvo esto en Víctor?

_____

_____

_____

3. ¿Qué tipos de cosas inventó Víctor para mejorar la vida?

_____

_____

B. Trabaja con un compañero o compañera. Lean el texto en voz alta. Presten atención a la expresividad. Deténganse después de un minuto. Completen la tabla.

	Palabras leídas	-	Cantidad de errores	=	Puntaje: palabras correctas
Primera lectura		-		=	
Segunda lectura		-		=	

Nombre _____

Las papas fritas de George Crum

George Crum nació en 1822. Más adelante se convirtió en el chef del restaurante Moon's Lake House en Saratoga, Nueva York. Un día, en 1853, un cliente pidió papas fritas, pero las envió de vuelta a la cocina. Dijo que estaban demasiado gruesas y blandas. Enfadado, Crum cortó algunas papas en forma muy delgada y las frió hasta que

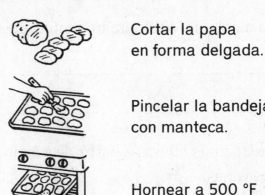

Cortar la papa en forma delgada.

Pincelar la bandeja con manteca.

Hornear a 500 °F durante 20 minutos.

estuvieron crujientes. ¡Quedaron fantásticas! George Crum había inventado las papas fritas para aperitivo.

Responde las preguntas sobre la selección.

1. **¿Cómo sabes que este texto es una biografía?**

   _____

2. **¿Qué características del texto incluye este relato?**

   _____

3. **¿Qué te muestra el diagrama? ¿Qué título le pondrías a este diagrama?**

   _____

4. **¿Cómo sabes que los sucesos del texto están en el orden en que ocurrieron?**

   _____

Nombre _____

A. Lee cada oración del texto. Luego, escribe sobre las líneas qué dos cosas se comparan en la metáfora.

1. La mente de Víctor era un motor que nunca se apagaba.

   _____

   _____

2. Crear cosas nuevas a partir de sus nuevas ideas era la sangre que corría por sus venas.

   _____

   _____

3. Víctor era un torbellino.

   _____

   _____

B. Vuelve a leer el texto. Usa lo que has aprendido para escribir dos metáforas basándote en la vida de Víctor Ochoa.

1. _____

   _____

2. _____

   _____

Nombre _____

A. Lee el borrador de ejemplo. Usa las siguientes preguntas como ayuda para pensar de qué manera puedes usar palabras y frases que indiquen secuencia en tu escritura.

Borrador

Benjamín Franklin fue un gran inventor. Un importante invento que hizo fue el pararrayos. Inventó también los lentes bifocales para ayudar a que la gente pudiera ver.

---

1. ¿Cuál fue el primer invento de Franklin?

2. ¿Qué palabras y frases que indiquen secuencia ayudan a poner los sucesos de la vida de Franklin en orden?

3. ¿Cuál fue el último invento de Franklin?

B. Ahora revisa el ejemplo. Agrega palabras y frases que indiquen secuencia para ayudar al lector a seguir los sucesos.

_____

_____

_____

_____

_____

_____

_____

Nombre _____

El estudiante que escribió el texto de abajo usó evidencias de dos fuentes distintas para seguir la pregunta: *¿Qué cualidades compartían Elijah McCoy y Thomas Edison como inventores? Usa evidencia de dos fuentes para respaldar tu respuesta.*

Elijah McCoy y Thomas Edison compartían muchas cualidades como inventores. En primer lugar, ambos se sintieron inspirados a inventar algo debido a un problema que pensaban que podían resolver. McCoy quería crear un sistema de lubricación porque los motores de los trenes debían detenerse con frecuencia para lubricarse, lo que resultaba peligroso. Edison sabía que las personas querían tener electricidad en sus hogares así que diseñó la bombilla eléctrica y otros inventos que llevaron luz a las comunidades. Además, ambos pasaron tiempo probando diferentes ideas antes de decidir cuál sería el invento que funcionaría. Por último, ambos crearon inventos exitosos. Estas creaciones mejoraron las vidas de las personas. Como inventores, estos hombres eran muy similares.

Vuelve a leer el texto. Sigue las instrucciones.

1. **Encierra en un cuadro** la oración que explica de qué hablará el texto.

2. **Encierra en un círculo** palabras que ayudan a organizar las ideas del texto en orden.

3. **Subraya** detalles que respaldan la oración principal.

4. Escribe el predicado completo de esta oración: Por último, ambos crearon inventos exitosos.

Nombre _____

grandioso	hito	masivo	monumento
nacional	pista	rastro	tallar

Usa las claves de contexto de cada oración como ayuda para decidir qué palabra de vocabulario debes escribir en el espacio en blanco.

El museo de arte era uno de los lugares favoritos de Phoebe para ir de visita. Era un _____ y un importante sitio histórico. Recibía la visita _____ de la gente. De hecho, albergaba muchas obras de arte maravillosas y la gente lo consideraba un tesoro _____. Cada vez que visitaba el Museo _____, Phoebe sonreía. Siempre había una aventura o una historia en cada rincón.

Phoebe adoraba el jardín de las esculturas. Había personas, delfines y otras criaturas que los artistas _____ en piedra y mármol. La asombraba que se pudiera crear esas formas a partir de una roca.

Adoraba ver exhibiciones de pinturas nuevas. Algunos cuadros no eran más grandes que su cuaderno. Sin embargo, otras eran tan grandes que se preguntaba cómo las había podido pintar una persona sola.

Hoy, Phoebe estaba ansiosa por ver un _____ que había dado en préstamo otro museo. Este monumento conmemorativo tenía más de trescientos años y había sido creado en Italia. Para los historiadores la pieza brindaba _____ sobre un artista poco conocido. También contaba la historia de la vida de un pequeño pueblo italiano de hace cientos de años.

Mientras recorría la exhibición, Phoebe se preguntaba si dentro de muchos años alguien miraría alguna de sus pinturas para hallar _____ o evidencias de cómo era su vida. ¡Este pensamiento le despertó el interés por crear una nueva pintura cuando volviera a casa!

Nombre _____

Lee el texto. Completa el organizador gráfico de idea principal y detalles.

Idea principal
Detalle
Detalle
Detalle

Nombre _____

Lee el texto. Usa la estrategia de hacer y responder preguntas para narrar los detalles más importantes del texto.

Cómo construir un hito

	¿Has hecho alguna vez un castillo de arena? Es probable que
11	hayas construido algo en la nieve o en la tierra. ¿Has pensado
23	que algo que hayas creado en la tierra perduraría en el tiempo?
35	En Ohio hay túmulos de indígenas americanos construidos en
44	la tierra. Estos túmulos han estado allí por miles de años. Los
56	túmulos de Ohio son como hitos, o sitios importantes. También
66	nos ayudan a comprender la historia de nuestro país.
75	Las tribus de indígenas americanos crearon los túmulos de
84	Ohio. En el presente quedan más de 70. La gente los visita
96	todos los años. Uno de estos túmulos se llama Túmulo de la
108	Serpiente. Mide 1,370 pies de largo. Se parece a una serpiente
119	gigante. ¡Es el túmulo funerario más largo del mundo! En el
130	Túmulo de la Serpiente hay objetos de otras tribus. Esto hace
141	que los investigadores piensen que fueron muchas las tribus que
151	construyeron este túmulo. Es probable que varias tribus lo hayan
161	creado para compartirlo.
164	Los túmulos tienen diferentes formas. El Túmulo de
172	Miamisburg tiene la forma de un cono. Es el túmulo con forma
184	de cono más grande de Ohio. Se cree que fue construido por la
197	tribu adena. Tiene 116 escalones. Los visitantes pueden subir
206	hasta el pico.

Nombre _____

   ¿Cómo construyeron las tribus estos túmulos? En los Túmulos de Fort Ancient, la gente usó grandes almejas para cavar la tierra. También usaron palos. Transportaban la tierra de los túmulos en cestas. Las cestas eran de alrededor de 40 libras de peso. ¿Sabes por qué querría una tribu construir estos túmulos? Algunas personas dicen que los usaban a modo de calendario. Los túmulos tienen paredes de 18,000 pies de longitud. Esto quiere decir que transportar la tierra para construirlos era un trabajo muy duro.

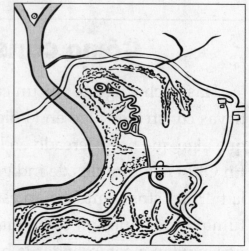

Mapa del Parque del Túmulo de la Serpiente, Condado de Adams, Ohio

   Los Trabajos de Tierra, en Newark, son túmulos geométricos. Son los más grandes del mundo. Los investigadores sostienen que estos túmulos se usaron para estudiar las estrellas. Es probable que también se hayan usado para hacer reuniones.

   Las culturas dejan historias como herencia. Algunas historias se encuentran en los libros. Otras, son obras de arte. En Ohio, las tribus de indígenas americanos dejaron atrás túmulos. No todas las preguntas sobre los túmulos han sido respondidas. Pero estos hitos nos han ayudado a aprender más sobre la historia de nuestro país.

Lugares sociales y sagrados

   Algunos investigadores piensan que los túmulos del Valle del Río Ohio se usaron por motivos sociales. Otros piensan que se construyeron con fines ceremoniales. En la actualidad, se pueden visitar. Quizás puedas elaborar tu propia idea acerca de cómo se usaron los túmulos.

Nombre _____

A. Vuelve a leer el texto y responde las preguntas.

1. ¿Cuáles son los tres detalles clave del párrafo 4?

_____

_____

_____

2. ¿De qué manera se conectan estos detalles?

_____

_____

_____

3. ¿Cuál es la idea principal de todo el texto?

_____

_____

_____

B. Trabaja con un compañero o compañera. Lean el texto en voz alta. Presten atención a la precisión y al fraseo. Deténganse después de un minuto. Completen la tabla.

	Palabras leídas	–	Cantidad de errores	=	Puntaje: palabras correctas
Primera lectura		–		=	
Segunda lectura		–		=	

Nombre _____

Monumento a Lincoln

El arquitecto Henry Bacon tenía una idea muy específica de lo que quería cuando diseñó el Monumento a Lincoln. Había estudiado arquitectura en Europa y estaba muy impresionado con los edificios de la antigua Grecia. Quería que su monumento conmemorativo le recordara a la gente la ciudad de Atenas, en Grecia, lugar de nacimiento de la democracia. De esa manera, la gente que visitara el monumento recordaría la antigua tradición de la democracia que Abraham Lincoln luchó por mantener con vida.

El discurso de Gettysburg...

- es el discurso pronunciado por Abraham Lincoln el 19 de noviembre de 1863, durante la Guerra Civil.
- está escrito en la pared sur del Monumento a Lincoln.
- está dedicado a los soldados que lucharon y murieron en la Batalla de Gettysburg, de manera "que el gobierno del pueblo, por el pueblo y para el pueblo, no perezca en la tierra".

Responde las preguntas sobre la selección.

1. ¿Cómo sabes que este es un texto expositivo?

_____

2. ¿Qué característica del texto se incluye? ¿De qué manera se relaciona con el tema principal?

_____

_____

3. ¿Qué quería Henry Bacon que el Monumento a Lincoln le recordara a la gente?

_____

_____

Nombre _____

Lee cada oración. Subraya las claves de contexto que te ayuden a descubrir el significado de cada palabra en negrilla. Luego escribe el significado de la palabra sobre la línea. Usa un diccionario como ayuda.

1. En el **presente**, todavía quedan más de 70 túmulos de indígenas americanos.

_____

2. Las cestas eran de alrededor de 40 libras de **peso**.

_____

3. El Túmulo de Miamisburg tiene la forma de un cono. Tiene 116 escalones. Los visitantes pueden subir hasta el **pico**.

_____

4. Transportar la tierra para construirlos era un trabajo muy **duro**.

_____

5. Las culturas dejan atrás **historias**. Algunas historias están en los libros.

_____

6. Quizás puedas **elaborar** tu propia idea acerca de cómo se usaron los túmulos.

_____

Nombre _____

A. Lee el borrador de ejemplo. Usa las siguientes preguntas como ayuda para pensar cómo puedes usar diferentes tipos de oraciones.

Borrador

Los parques son importantes porque ofrecen un lugar donde disfrutar de la naturaleza. Los parques son lugares para hacer picnic, practicar deportes y realizar otras actividades. En las ciudades, los parques suelen incluir monumentos de homenaje a personajes históricos.

---

1. ¿Qué tipo de oración se incluye en el ejemplo?

2. ¿De qué manera la elección que hace el autor del tipo de oración afecta el modo en que lees el ejemplo?

3. ¿Qué diferentes tipos de oraciones se pueden agregar al ejemplo?

4. ¿De qué manera agregar diferentes tipos de oraciones cambiaría el modo en que lees el ejemplo?

B. Ahora revisa el ejemplo. Usa diferentes tipos de oraciones para hacer que la escritura sea más interesante.

_____

_____

_____

_____

_____

Nombre _____

El estudiante que escribió el texto de abajo usó evidencias de dos fuentes distintas para seguir la pregunta: *¿Cuál de los lugares históricos mencionados en* Una montaña de historia *y "Una calle histórica" sería el más interesante para visitar? Usa evidencia de los textos para respaldar tu opinión.*

> Pienso que el Monumento Nacional Monte Rushmore es el lugar más interesante que se menciona en las dos selecciones. Leí que se pueden ver cuatro caras gigantes de presidentes talladas en el Monte Rushmore. ¿Cómo se le ocurrió esta idea al artista? Me gustaría ver las caras. El artículo dice que se puede visitar el estudio del artista. Puedes aprender cómo se tallaron las caras. El Monumento Nacional Monte Rushmore también incluye una Aldea de nativos americanos. Me gustaría visitar la aldea porque me interesa la cultura nativo americana. Puedes aprender sobre los cuatro presidentes y explorar la cultura nativo americana. Se pueden hacer muchas cosas en el Monumento Nacional Monte Rushmore. Se puede aprender mucho. ¡Por eso lo visitan millones de personas cada año!

Vuelve a leer el texto. Sigue las instrucciones.

1. **Encierra en un cuadro** una oración que muestra la opinión del estudiante.

2. **Encierra en un círculo** un tipo de oración diferente que hace que el párrafo sea más interesante.

3. **Subraya** razones que respaldan la opinión del estudiante.

4. Dibuja una línea ondulada debajo de una oración compuesta del texto que es un ejemplo de dos oraciones simples combinadas con la palabra *y*.

Nombre _____

aleta	comprometido	cooperación	enredar
escama	escondite	rapidez	unir

Completa cada oración con la palabra de vocabulario correspondiente.

1. (unir) En el ejercicio, había dos listas de palabras y debíamos _____

_____ .

2. (enredar) Si no te pasas un peine después de bañarte _____

_____ .

3. (escondite) Cuando vio que ya no había peligro, _____

_____ .

4. (escama) El cuerpo de muchos peces y reptiles _____

_____ .

5. (aleta) El pez movía rápidamente _____

_____ .

6. (rapidez) Si queremos terminar a tiempo _____

_____ .

7. (comprometido) Finalmente se aprobará la ley _____

_____ .

8. (cooperación) Para llevar a cabo este emprendimiento _____

_____ .

Nombre _____

Lee el texto. Completa el organizador gráfico de tema.

Detalle

⬇

Detalle

⬇

Detalle

⬇

Tema

Nombre _____

Lee el texto. Usa la estrategia de hacer, confirmar y revisar predicciones para predecir qué sucederá en la historia.

Por qué las personas y las aves son amigas

	Hace mucho tiempo, las personas que habitaban el mundo
9	estaban alejadas. Era más fácil perderse. Las personas y los
19	animales no se hablaban. Todo era más simple de esta manera.
30	Pero las cosas cambian.
34	Las selvas son enormes. Es fácil perderse y sentirse diminuto.
44	Esto es lo que le sucedió a dos hermanos que estaban de cacería.
57	Planificaron un viaje de dos días. Pero cinco días más tarde se
69	dieron cuenta de que estaban perdidos. Estaban tan lejos de su
80	casa como nunca antes lo habían estado. Cada día caminaban
90	en una dirección. Pensaban que ese camino los llevaría a casa.
101	Todos los días se detenían cuando oscurecía. Pero no estaban más
112	cerca de ser encontrados.
116	Afortunadamente, sabían cómo acampar. También sabían cómo
123	buscar comida y leña. El hermano mayor fue a buscar leña y el
136	menor, comida y agua. Buscó durante más de una hora. Pero no
148	pudo encontrar nada para comer. Estaba muy cansado, de modo
158	que se sentó a descansar.
163	El joven estaba sentado, escuchando el viento cálido que
172	soplaba en las hojas. Descubrió un pájaro en el árbol que estaba
184	por encima de él. Lo vio saltar de rama en rama. Luego, escuchó
197	una voz.
199	—¡Sé donde están tus padres! ¡Sé donde están tus padres!

Nombre _____

El muchacho miró a su alrededor para ver quién le estaba hablando. No vio a nadie. Estaba confundido. Escuchó las palabras nuevamente. En un momento, comprendió que era el pájaro quien le hablaba.

El joven miró fijamente al pájaro por un minuto. Luego dijo.

—¿Realmente puedes ayudarnos a mí y a mi hermano a volver a casa?

El pájaro brincó de una rama a otra.

—Sí, puedo. Conozco el pueblo donde viven. Puedo llevarlos de vuelta. Solo pediré algo a cambio: quiero tres insectos para comer. Eso me dará fuerzas para guiarlos a su hogar —dijo el pájaro.

El joven aceptó la propuesta del pájaro. Corrió tan rápido como pudo hasta el campamento. Encontró a su hermano sentado frente al fuego. Le contó sobre el pájaro. Su hermano pensó que era mentira. Pero al final lo convenció de que era verdad. Fueron juntos a buscar al pájaro que hablaba.

El pájaro le repitió el ofrecimiento al hermano mayor, quien estuvo de acuerdo de inmediato. Los muchachos fueron a buscar insectos. El pájaro los esperó pacientemente en una rama. Encontraron varios insectos. El pájaro eligió algunos y se los tragó, uno, dos, tres.

—Partiremos en la mañana —dijo.

A la mañana siguiente, los muchachos siguieron al pájaro que los guiaba a su hogar. Tardaron varios días. El pájaro siempre esperaba que los muchachos lo alcanzaran antes de seguir volando. Cuando finalmente llegaron al hogar, los padres se pusieron muy contentos de verlos. La familia prometió que ellos y los hijos de sus hijos siempre alimentarían a las aves hambrientas. Esto explica por qué los pájaros les cantan a los humanos y los humanos los alimentan.

Comprensión: **Tema y fluidez**

Nombre _____

A. Vuelve a leer el texto y responde las preguntas.

1. ¿Por qué el hermano menor de la historia necesita ayuda?

_____

_____

_____

2. ¿Qué pide el pájaro a cambio por brindarles su ayuda?

_____

_____

_____

3. ¿Cuál es el tema de esta historia?

_____

_____

_____

B. Trabaja con un compañero o compañera. Lean el texto en voz alta. Presten atención a la expresividad. Deténganse después de un minuto. Completen la tabla.

	Palabras leídas	–	Cantidad de errores	=	Puntaje: palabras correctas
Primera lectura		–		=	
Segunda lectura		–		=	

Copyright © McGraw-Hill Education

Nombre _____

La niña, el conejo y la hormiga

Un día, una hormiga tomaba agua en un arroyo. De pronto, se resbaló y cayó al agua. Una niña estaba por allí con su amigo conejo, y vio que la hormiga se ahogaba. Arrancó una hoja del árbol y la tiró al agua. La hormiga trepó a la hoja y flotó hasta la orilla.

Al día siguiente, la hormiga y la niña vieron que un cazador se preparaba para cazar al conejo. La niña le pidió ayuda a la hormiga. Entonces, la hormiga se arrastró y mordió al cazador en el pie. El cazador gritó de dolor y soltó su arma. Así, la niña aprendió que si ayudamos a los demás, luego también recibiremos ayuda.

Responde las preguntas sobre la selección.

1. ¿Cómo sabes que este texto es una fantasía?

_____

_____

_____

2. ¿Qué elemento literario incluye el texto?

_____

3. ¿Qué hace la hormiga por la niña? ¿Por qué hace esto?

_____

_____

4. ¿Cuál piensas que es la enseñanza de esta historia?

_____

_____

Nombre _____

A. Lee las oraciones del texto. Luego encierra en un círculo el antónimo de la palabra en negrilla y escribe sobre la línea una definición de la palabra en negrilla.

1. Las selvas son **enormes**. Es fácil perderse y sentirse diminuto.

   _____

2. Le contó sobre el pájaro. Su hermano pensó que era **mentira**. Pero al final lo convenció de que era verdad.

   _____

3. El joven **rápidamente** estuvo de acuerdo en alimentar al pájaro. Su hermano no le creyó. Pero lentamente se pusieron de acuerdo y fueron a encontrarse con el pájaro que hablaba.

   _____

B. Elige dos palabras del texto y escribe una oración con cada una de ellas. Usa antónimos como claves de contexto para definir las palabras.

1. _____

   _____

2. _____

   _____

Nombre _____

A. Lee el borrador de ejemplo. Usa las siguientes preguntas como ayuda para pensar cómo puedes usar palabras de enlace.

Borrador

    Quiero jugar a un juego de mesa interesante. Mi hermana quiere jugar a un videojuego aburrido. Mi mamá quiere que limpiemos el jardín.

---

1. ¿Qué palabra de enlace podría mostrar que las primeras dos ideas son diferentes?

2. ¿Qué palabra de enlace podría conectar la última idea a las dos primeras?

3. ¿Qué otras palabras de enlace podrías agregar?

B. Ahora revisa el ejemplo. Agrega palabras de enlace que muestren la manera en que están conectadas las ideas.

_____

_____

_____

_____

_____

Nombre _____

El niño que escribió el texto de abajo usó evidencias de dos fuentes distintas para seguir la instrucción: ¿Cómo resuelven sus problemas los miembros de cada comunidad en las selecciones de esta semana?

En *Un amigo muy especial*, Leo, que es un pececito diferente, se siente triste y abatido porque sus amigos se burlan de él y no le permiten jugar a las escondidas. Lo que sucede es que, cuando Leo se pone nervioso, sus escamas brillan y lo descubren. Sin embargo, cuando lo necesitan para encontrar a Emilia, que se había perdido, Leo los ayuda y logran encontrarla.

En "Deltona quiere murciélagos" leí que la ciudad tenía un grave problema con los insectos. El alcalde y la comunidad se pusieron de acuerdo para llevar murciélagos a vivir allí, porque estos mamíferos comen insectos. ¡Fue una solución creativa y natural para solucionar ese enorme problema!

Vuelve a leer el texto. Sigue las instrucciones.

1. **Encierra en un círculo** la parte en que se describe cómo se siente el personaje.

2. **Subraya** una palabra de enlace.

3. **Encierra en un cuadro** un ejemplo de buen final.

4. Escribe un ejemplo de sustantivo común y otro de sustantivo propio del texto que escribió Luis.

_____

Nombre _____

| ábaco | almacén | azotea | bulto |
| emigrar | indígena | oportunidad | peñasco |

Responde cada pregunta con una palabra del cuadro. Luego escribe una oración con esa palabra.

1. ¿Cómo se llama el *instrumento de madera que sirve para hacer cálculos con la ayuda de marcadores?* _____

_____

2. ¿Cómo se llama la parte *superior de un edificio que es plana?* _____

_____

_____

3. ¿Qué palabra significa *una buena ocasión para hacer algo?*

_____

4. ¿Cuál es el *lugar donde se vende artículos para el hogar y comida?*

_____

5. ¿Qué palabra significa *irse a vivir a un país nuevo?* _____

_____

6. ¿Cómo llamamos a una *roca grande y elevada?* _____

_____

7. ¿Cómo llamamos a un *paquete grande?* _____

_____

8. ¿Qué nombre recibe la *persona nativa del territorio que habita?* _____

_____

Nombre _____

Lee el texto. Completa el organizador gráfico de tema.

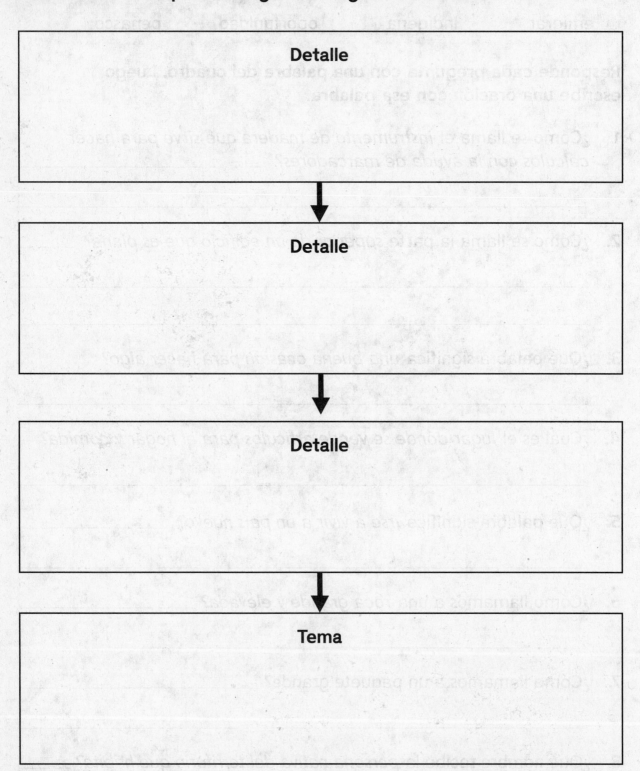

Detalle

↓

Detalle

↓

Detalle

↓

Tema

Nombre _____

Lee el texto. Usa la estrategia de hacer, confirmar y revisar predicciones para encontrar las claves que apoyen las predicciones.

Un sueño hacia el oeste

13	En el año 1849, Lan tenía ocho años. La vida familiar en China era difícil y Yao, el papá de Lan, trabajaba duro para llevar el pan a la
29	casa y darle un buen pasar a su familia.
38	Las buenas noticias que venían del oeste trajeron esperanzas. Se
48	había difundido que la gente se estaba enriqueciendo al encontrar
58	oro en Estados Unidos. Yao sabía que era el momento de intentar
70	conseguir una vida mejor. En un principio, hizo el viaje él solo. Pero
83	después de unos meses, con un préstamo de la familia, Lan y su
96	madre fueron a reunirse con él.
102	Lan estaba tan blanca como un fantasma.
109	—Estoy asustada, mami —dijo—. Solo conozco a los amigos y a la
122	familia que tengo aquí en China. Ni siquiera sé hablar inglés.
133	—Te adaptarás —dijo la mamá—. Papá nos está esperando.

La montaña de oro

143	
147	—¡Papi! —gritó Lan mientras corría hacia donde estaba su papá y
158	le daba un gran abrazo.
163	Hicieron un largo viaje en carreta desde el puerto de California
174	hasta el área donde se estaba encontrando oro.
182	—¿Realmente hay oro aquí? —preguntó Lan en el viaje.
191	—¡Algunas personas han hecho una fortuna! —dijo Yao—.
200	Llaman al lugar "La montaña de oro".
207	Cuando se halló oro en 1848, la Fiebre del Oro avanzó muy
219	rápido por Estados Unidos como un incendio fuera de control.
229	También hizo que llegara gente desde otros países.

—¿Y qué sucede con nuestra familia en China? —preguntó Lan—. Los voy a extrañar.

—Les enviaré dinero de mi paga —respondió el papá—. Quizás algún día puedan venir con nosotros.

Otras personas no tenían dinero para enviar a sus familias. Lan sabía que era muy afortunada.

Una nueva vida

Yao vivía en una comunidad con otras personas de China. Cuando llegaron, Lan se encontró con Chen, un amigo de su padre, y con Li, la hija de Chen. Caminaron por el pueblo y conversaron.

El descubrimiento de oro dio esperanzas a muchos inmigrantes.

—Aquí es donde vivimos y comemos —dijo Li señalando el lugar—. Y aquí es donde nos reunimos a conversar.

Lan inspeccionó el lugar.

—¡Guau! No sabía que tantos chinos vivían aquí. ¡Hasta hablan en chino!

—Sí, hemos construido un lindo lugar donde vivir —dijo Yao.

—Pero ¿dónde está la mina en la que trabajan? —preguntó.

—Ya no trabajo como minero, Lan. —dijo—. Las horas eran largas y no encontrábamos oro. Ahora trabajo con Chen como zapatero.

Lan sabía que la vida ya no sería la misma, pero tenía esperanzas. Miró a su alrededor. El futuro se veía tan amplio como el terreno.

—Estoy feliz porque estamos todos juntos —dijo Lan.

Nombre _____

A. Vuelve a leer el texto y responde las preguntas.

1. ¿Qué detalles clave sobre la vida de la familia de Lan se presentan en el párrafo 2? ¿Cuál es el tema?

   _____

   _____

2. ¿Qué detalle clave sobre Yao se presenta debajo del subtítulo "Una nueva vida"? ¿Cuál es el tema?

   _____

   _____

3. ¿Cuál es el tema de este texto?

   _____

   _____

B. Trabaja con un compañero o compañera. Lean el texto en voz alta. Presten atención al ritmo. Deténganse después de un minuto. Completen la tabla.

	Palabras leídas	–	Cantidad de errores	=	Puntaje: palabras correctas
Primera lectura		–		=	
Segunda lectura		–		=	

Nombre _____

Una larga espera en Isla Ángel

Era el 24 de noviembre de 1924. Mi madre y yo habíamos llegado a Estados Unidos desde China hacía doce días. Nos quedamos en una sala con muchas mujeres. Al fin, un custodio nos llevó a otra sala, donde había dos hombres sentados ante una mesa. Uno de ellos comenzó a hablar en un idioma que no comprendía. El otro hombre habló en nuestro idioma. Me preguntó mi nombre y con quién me quedaría en Estados Unidos.

Responde las preguntas sobre la selección.

1. ¿Por qué crees que este texto es de ficción histórica?

   _____

   _____

2. ¿Cuándo se desarrolla esta historia? ¿Cómo te ayuda la ilustración a saber esto?

   _____

   _____

3. ¿De qué manera la ilustración te ayuda a comprender mejor al personaje principal?

   _____

   _____

Nombre _____

Lee cada una de las siguientes oraciones. Subraya qué se compara en cada símil. Luego escribe qué significa el símil sobre la línea.

1. Lan estaba tan blanca como un fantasma.

_____

2. Cuando se halló oro en 1848 la Fiebre del Oro avanzó muy rápido por Estados Unidos como un incendio fuera de control.

_____

3. El futuro se veía tan amplio como el terreno.

_____

4. El oro brillaba como el sol.

_____

5. Abajo en la mina estaba tan oscuro como la noche misma.

_____

Nombre _____

A. Lee el borrador de ejemplo. Usa las siguientes preguntas como ayuda para pensar qué sustantivos precisos puedes agregar.

Borrador

Una vez una familia se mudó a un pueblo nuevo. Viajaron mucho tiempo en su auto para llegar al pueblo. Cuando llegaron a su nueva casa, desempacaron sus cosas. Luego se encontraron con sus vecinos.

---

1. ¿Qué sustantivos precisos puedes usar para hacer que la historia sea más clara para el lector?

2. ¿Qué sustantivos ayudarían al lector a visualizar a los personajes, el pueblo y la casa?

3. ¿Qué sustantivos podrías usar para describir el viaje?

4. ¿Qué tipos de cosas desempaca la familia?

B. Ahora revisa el ejemplo. Agrega sustantivos precisos que ayuden a hacer que la historia sobre la familia sea más fácil de comprender para los lectores.

_____

_____

_____

_____

_____

Nombre _____

La estudiante que escribió el texto de abajo usó evidencias de dos fuentes distintas para seguir la instrucción: ¿Qué cosas nuevas debe aprender una persona que emigra?

> Creo que una persona que emigra debe aprender la cultura y las costumbres de su nuevo país. De ese modo podrá comprender su entorno. Por ejemplo, en *La tienda de mamá y papá*, la familia debe aprender un nuevo idioma, adaptarse a comidas y vestimentas diferentes.
>
> En "¡Tierra a la vista!" aprendí que también es importante que los inmigrantes conozcan bien las leyes y las cumplan como buenos ciudadanos.

Vuelve a leer el texto. Sigue las instrucciones.

1. **Encierra en un círculo** la opinión de Rachel.

2. **Encierra en un cuadro** los detalles que eligió Rachel para respaldar su opinión.

3. **Subraya** los sustantivos precisos que ayudan a que el texto se comprenda mejor.

4. Escribe al menos un sustantivo masculino y un sustantivo femenino del texto de Rachel.

_____

Nombre _____

anunciar	calcular	candidato	convencer
decisión	elegir	gobierno	independiente

Completa cada oración con la palabra de vocabulario correspondiente.

1. **(calcular)** Mirando rápidamente la habitación _____

_____ .

2. **(convencer)** Para tener una mascota _____

_____ .

3. **(anunciar)** Por los altavoces _____

_____ .

4. **(gobierno)** Para ayudar a guiar nuestra nación, _____

_____ .

5. **(candidato)** Cuando se postuló para alcalde, _____

_____ .

6. **(independiente)** Aunque la niña era tímida, _____

_____ .

7. **(decisión)** Cuando decidí estudiar música, _____

_____ .

8. **(elegir)** Si quieres mejoras en tu escuela, _____

_____ .

Nombre _____

Lee el texto. Completa el organizador gráfico de punto de vista del autor.

Detalles

↓

Punto de vista

Nombre _____

Lee el texto. Usa la estrategia de volver a leer para estar seguro de que comprendes el texto.

Exprésate

	¿Les dices a tus amigos quién piensas que es el mejor
11	cantante? ¿Usas una camiseta del equipo que te gusta? Esto no
22	parece inusual. Tienes derecho a decir qué piensas. Sin embargo,
32	ha habido personas que debieron poner a prueba su derecho a la
44	libertad de expresión.

47 Hablar con franqueza

50	La libertad de expresión es el derecho a decir lo que piensas. Este
63	es un derecho que establece la Constitución. Aun si otras personas
74	están en desacuerdo, tienes el derecho a decir qué piensas.
84	Expresar tus pensamientos no solo significa decirlos. Puedes
92	expresarlos haciendo algo. En 1969, hubo estudiantes que
100	"hablaron" con acciones. En ese entonces Estados Unidos estaba
109	en guerra. Los estudiantes no estaban de acuerdo con la guerra.
120	Querían demostrar cómo se sentían. Entonces, usaron brazaletes
128	negros.
129	A algunas personas no les gustaban estos brazaletes. Los
138	estudiantes fueron a la corte. Este caso se llamó *Tinker vs.*
149	*Des Moines*. La corte dijo que los estudiantes podían usar los
160	brazaletes en la escuela. Era su derecho a la libre expresión.
171	Los estudiantes podían vestir los brazaletes aunque otros no
180	estuvieran de acuerdo.

Nombre _____

¿Hay límites?

Hay momentos en los que no se permite la libertad de expresión. Si decir lo que piensas resulta peligroso, o inseguro, para otros, estás desprotegido por la Constitución. ¿Qué pasa si gritas "fuego"? Si no hay un incendio, esto no es libertad de expresión. Estás causando un problema. Hay gente que podría salir lastimada.

El gobierno no puede permitir este tipo de actos. Una persona que se comporte así será castigada. Esto sucedió en 1919. El caso se llamó *Schenk vs. Estados Unidos*.

Cuando nuestro país recién nacía y los habitantes gozaban de libertad de expresión, todo funcionaba bien. Eran independientes. Podían expresarse. Hubo momentos en los que la libertad de expresión lastimó a las personas. El gobierno puede ayudar a definir la libertad de expresión según cómo la use la gente.

La libertad de expresión es tu derecho. Sin embargo, si hay personas que salen lastimadas, ya no está permitido. Esto significa que los ciudadanos hacen funcionar al gobierno haciendo uso de su libertad de expresión. Expresan sus pensamientos. Hacen esto dentro de las normas de la ley. Algunas veces, el gobierno tiene que redefinir los límites, según cómo usan las personas de esta libertad.

Gracias a la libertad de expresión puedes hacer que tus opiniones se conozcan. Las personas ayudarán a que el gobierno defina las normas mediante el ejercicio de sus derechos.

Nombre _____

A. Vuelve a leer el texto y responde las preguntas.

1. ¿Qué dice el segundo párrafo sobre cómo piensa el autor acerca de la libertad de expresión?

_____

_____

2. Relee el tercer y cuarto párrafo. ¿Qué crees que habría pensado el autor sobre los estudiantes a los que permitieron usar brazaletes negros?

_____

_____

_____

3. ¿De qué manera se compara tu punto de vista sobre la libertad de expresión con el del autor?

_____

_____

B. Trabaja con un compañero o compañera. Lean el texto en voz alta. Presten atención a la precisión y el fraseo. Deténganse después de un minuto. Completen la tabla.

	Palabras leídas	–	Cantidad de errores	=	Puntaje: palabras correctas
Primera lectura		–		=	
Segunda lectura		–		=	

Nombre _____

Mujeres en el Congreso

En la actualidad, muchos miembros del Congreso de Estados Unidos son mujeres. No siempre ha sido así. Ninguna mujer había trabajado en el Congreso antes de 1916. Ese año, Jeanette Rankin, de Montana, fue la primera mujer en ser electa para la Cámara de Representantes. Fue electa aún antes de que las mujeres tuvieran el derecho a votar. Luego, en 1922, Rebecca Felton, de Georgia se convirtió en la primera senadora mujer.

Responde las preguntas sobre la selección.

1. ¿Cómo sabes que este es un texto expositivo?

_____

2. ¿Qué dos características del texto incluye?

_____

3. ¿Cuál es el título del texto? ¿Qué título podría tener el gráfico de barras?

_____

4. ¿Qué información brinda el gráfico de barras?

_____

_____

Nombre _____

Lee la información sobre prefijos del siguiente cuadro. Luego subraya en cada oración la palabra que contenga uno de los prefijos enumerados. A continuación, define la palabra sobre la línea.

> *re-* significa "hacer otra vez"
>
> *des-* significa "no" u "opuesto"
>
> *in-* significa "no" u "opuesto

1. A mi perro no le gusta la nieve, entonces resultó inusual verlo

jugar en ella este invierno. _____

2. Los dos hermanos estaban en desacuerdo. Uno de los hermanos dijo que

la chita era el animal más rápido, y el otro dijo que era el león.

_____

3. Los niños hacen sus tareas sin ayuda, son muy independientes.

_____

4. La selva está llena de animales salvajes, de manera que es inseguro

caminar solo. _____

5. Si no usas rodilleras cuando patinas, tus rodillas están desprotegidas.

_____

6. Aún cuando sabía el significado de la palabra, tuve que redefinirla

para la clase. _____

Nombre _____

A. Lee el borrador de ejemplo. Usa las siguientes preguntas como ayuda para pensar qué detalles de apoyo puedes agregar.

Borrador

Muchas escuelas tienen elecciones. Los alumnos votan por su candidato favorito. Estas elecciones por lo general son en otoño. Votar es importante.

---

1. ¿Qué tipos de elecciones se hacen en las escuelas?

2. ¿Para qué puestos se presentan los candidatos? ¿Qué detalles de apoyo describirían las campañas?

3. ¿Por qué las elecciones son en otoño?

4. ¿Qué detalle explicaría por qué es importante votar?

B. Ahora revisa el ejemplo. Agrega hechos, definiciones y otros detalles que ayuden a los lectores a saber más sobre las elecciones en la escuela.

_____

_____

_____

_____

_____

Nombre _____

El estudiante que escribió el texto de abajo usó evidencias de dos fuentes distintas para seguir la pregunta: *¿Piensas que es importante votar en las elecciones de gobierno? ¿Por qué o por qué no?*

Pienso que votar es muy importante. En ¡*A votar!*, se explica que escogemos a nuestros líderes durante las elecciones. Los líderes electos toman decisiones sobre cómo vivimos. Estas decisiones pueden cambiar nuestras vidas, escuelas, sistema de salud, incluso el medio ambiente. Los niños no podemos votar pero nuestros padres sí. Podemos decirles qué es importante para nosotros.

En "Un legado para la gente", el escritor dice que nuestros Padres Fundadores escribieron la Constitución para mostrar cómo debía funcionar el gobierno. Todas las veces que votamos elegimos líderes. Ellos gobiernan en representación nuestra. Esto se llama democracia. Votar es importante en una democracia. Por medio de nuestros votos les decimos a los líderes lo que queremos que hagan.

¡*A votar!* y "Un legado para la gente" dicen que estamos a cargo de nuestro gobierno. Quizás no somos los líderes pero podemos elegirlos. Y al hacerlo, les hacemos saber qué clase de país queremos.

Vuelve a leer el texto. Sigue las instrucciones.

1. **Encierra en un círculo** la oración que explica el propósito de la Constitución.

2. **Subraya** los detalles que respaldan la opinión del estudiante.

3. **Encierra en un cuadro** las oraciones que resumen el texto.

4. **Escribe un sustantivo plural irregular que utilizó el estudiante.**

Nombre _____

amenazar	cuidador	éxito	pariente
población	reconocer	recursos	sobrevivir

Usa una palabra del cuadro para responder cada pregunta.
Luego usa la palabra en una oración.

1. ¿Qué palabra podría describir el buen resultado de algo _____

_____

2. ¿Qué palabra describe al grupo de gente que vive en un mismo lugar?

_____

3. ¿Cuál es otra palabra para advertir que se quiere hacer algún mal?

_____

4. ¿Quiénes son las personas que cuidan a los animales en un zoológico?

_____

5. ¿Qué son tus primos, primas y tíos? _____

_____

6. ¿Qué palabra significa *recordar a una persona que ya conocemos*?

_____

7. ¿Qué palabra podría significar *seguir vivo después de un suceso peligroso*?

_____

8. ¿Cuáles son las cosas que están disponibles para ser usadas cuando se

necesitan? _____

Nombre _____

Lee el texto. Completa el organizador gráfico de punto de vista del autor.

Detalles

↓

Punto de vista

Nombre _____

Lee el texto. Usa la estrategia de volver a leer para estar seguro de que comprendes el texto.

El sonido de los elefantes

Amor por los sonidos

4   Katy Payne adora escuchar todo tipo de sonidos. Le encanta
14 oír música, por supuesto. Pero normalmente, escucha a los
23 animales. Y ha pasado la mayor parte de su vida haciendo esto.
35 Escuchando a los elefantes, los ha ayudado a sobrevivir.
44   Katy primero estudió a las ballenas y los maravillosos
53 sonidos que emiten bajo el agua. Algunas personas los llaman
63 "las canciones de las ballenas". Suenan como una música rara.
73 Katy sabía que los elefantes eran como las ballenas en algunos
84 aspectos. Ambos eran criaturas grandes. Y los dos cuidaban a
94 sus crías. Entonces, quiso estudiar a los elefantes.

102 Sonidos ocultos

104   Katy fue a un zoológico a ver y a escuchar a los elefantes y
118 a los elefantitos. Le encantaba oír los sonidos que producían.
128 Algunos eran fuertes y otros, muy suaves. Canturreaban y hacían
138 sonidos como el de una trompeta. Esos sonidos le hicieron pensar
149 en las canciones de las ballenas. Sabía que las ballenas algunas
160 veces producían sonidos que ella no podía oír. Eso le dio una idea
173 grandiosa. ¿Y si los elefantes también producían sonidos ocultos?
182 Se dispuso a descubrirlo.

Nombre _____

Primero, Katy grabó los sonidos de los elefantes. Luego llevó las cintas a un laboratorio. Usó una computadora para tomar imágenes de las ondas sonoras. Las imágenes mostraron sonidos que Katy no podía oír. ¡Los elefantes producían sonidos inaudibles! Nunca nadie los había oído antes. Katy había descubierto algo especial.

Ayudar escuchando

Katy comenzó a preocuparse por los elefantes. Las personas y los elefantes no siempre viven en armonía. A veces los elefantes se comen los cultivos y las personas se enojan.

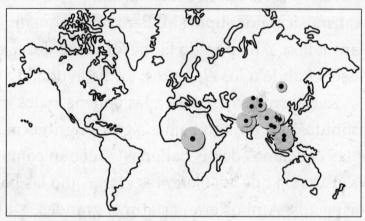

Los elefantes viven en su hábitat natural en África y en Asia.

Otras veces, personas poco cuidadosas construyen sus casas en las tierras en las que habitan los elefantes. Los elefantes sin hogar difícilmente puedan sobrevivir. Katy quería que todos pudieran convivir.

Por eso, comenzó a desarrollar un proyecto con algunos amigos. Escuchan los sonidos que emiten los elefantes para conocerlos mejor. Esto ayuda a que las personas sepan más sobre ellos. Cuanto más comprenda la gente a los elefantes, mejor podrá ayudarlos.

Katy también usa los sonidos para contar a los elefantes. Ha descubierto que en la actualidad hay menos de los que solía haber. Algunas personas se han enterado de esto. Han iniciado por su cuenta proyectos de gran utilidad. Ahora hay más gente que ayuda a los elefantes. Y todo esto se debe a buenas personas como Katy Payne.

Nombre _____

A. Vuelve a leer el texto y responde las preguntas.

1. En el tercer párrafo, ¿qué piensa el autor acerca de la idea de Katy Payne?

   _____

   _____

2. ¿Qué piensa el autor acerca del descubrimiento de Katy de que los elefantes emiten sonidos que no se oyen?

   _____

   _____

3. ¿Cuál es el punto de vista del autor sobre Katy?

   _____

   _____

B. Trabaja con un compañero o compañera. Lean el texto en voz alta. Presten atención al ritmo. Deténganse después de un minuto. Completen la tabla.

	Palabras leídas	–	Cantidad de errores	=	Puntaje: palabras correctas
Primera lectura		–		=	
Segunda lectura		–		=	

Nombre _____

MANOS: Gente que ayuda a los animales

MANOS es un grupo de personas que ayuda a los animales. Cuidan de las mascotas sin hogar y les encuentran un hogar donde vivir. Se encargan de los animales salvajes heridos y los devuelven a su hábitat cuando están curados. MANOS también enseña a las personas cómo cuidar a las mascotas y a los animales salvajes.

Trabajan para que se sancionen leyes positivas para los animales.

¡Tú también puedes ayudar!

Lee libros que te enseñen a cuidar a las mascotas y a otros animales.

Lawrence M. Sawyer/Getty Images

Un trabajador de MANOS cuida de un animal sin hogar en un refugio.

Responde las preguntas sobre la selección.

1. ¿Cómo sabes que este es un texto expositivo?

_____

2. ¿Qué dos características del texto incluye?

_____

3. ¿Cuál es el título del texto? ¿Qué dice sobre el texto?

_____

4. ¿Qué dice la nota al margen sobre MANOS?

_____

_____

Nombre _____

Lee cada una de las oraciones. Subraya el sufijo de la palabra en negrilla y escribe la definición de la palabra sobre la línea. Luego escribe una oración usando la palabra en negrilla.

1. Pero **normalmente,** escucha a los animales.

_____

_____

_____

2. Katy primero estudió a las ballenas y los **maravillosos** sonidos que emiten bajo el agua.

_____

_____

_____

3. Katy fue a un zoológico a ver y a escuchar a los elefantes y a los **elefantitos**.

_____

_____

_____

4. Los elefantes sin hogar **difícilmente** puedan sobrevivir.

_____

_____

_____

Nombre _____

A. Lee el borrador de ejemplo. Usa las siguientes preguntas como ayuda para pensar qué palabras que indican secuencia agregar para ayudar a que el orden de los sucesos sea claro.

Borrador

Había un pato con un ala lastimada en nuestro jardín. Le llevé comida. Llamamos al hombre del refugio de animales. Vino y envolvió el ala para mantenerla cálida. El ala se curó. El hombre llevó al pato de vuelta a su hogar en el lago.

1. ¿Cuándo le dio comida al pato el narrador?

2. ¿Qué palabras que indican secuencia se pueden agregar para ayudar a organizar los otros sucesos de la historia?

3. ¿Qué palabras que indican secuencia se pueden usar para dar al escrito un principio, un desarrollo y un final claro?

B. Ahora revisa el ejemplo. Agrega palabras que indican secuencia para ayudar a que la historia sobre el pato sea fácil de seguir.

_____

_____

_____

_____

_____

Nombre _____

El estudiante que escribió el texto de abajo usó evidencias de dos fuentes distintas para seguir la pregunta: *¿Cómo ayudan las personas y los científicos a las grullas blancas y a los manatíes?*

Ambos textos hablan sobre lo que se hace para ayudar a los animales en peligro. En *Las grullas blancas están en peligro*, las grullas iban a desaparecer debido a los cazadores y granjeros. Para ayudar a salvar a las aves, los científicos comenzaron una nueva bandada. Primero, trasladaron 11 huevos de Texas a Wisconsin. Luego del nacimiento de las crías, les enseñaron a buscar alimento y a volar. Finalmente, les enseñaron a volar al sur para evitar el invierno. Aún así, la grulla todavía corre peligro.

En "Ayudemos al manatí", leí que los manatíes también están en peligro. Los botes, los anzuelos y redes de pesca los lastiman en sus hábitats. Es por esto que se creó el Club "Ayudemos al manatí". Allí se enseña sobre estos hermosos animales. Además, los miembros rescatan manatíes heridos y los ayudan a recuperarse. Por último, el club lucha por cambiar las leyes para proteger a los manatíes.

Las grullas blancas y los manatíes están en peligro. Pero las personas y los científicos se esfuerzan por salvarlos.

Vuelve a leer el texto. Sigue las instrucciones.

1. **Subraya** las oraciones que muestran una secuencia.

2. **Encierra en un cuadro** la evidencia en el texto que explica por qué los manatíes están en peligro.

3. **Encierra en un círculo** un conector en el texto.

4. **Escribe** dos sustantivos que aparecen combinados en una oración.

Nombre _____

| cascabel | imaginar | marchante | vitrina |

Usa las claves de contexto en cada oración como ayuda para decidir qué palabra de vocabulario es la adecuada en cada espacio en blanco.

Lawrence estaba fascinado con los avances que experimentaba su pequeño pueblo. Le encantaba ver al personal que trabajaba en la obra. Estaban construyendo locales para la venta de mercadería. Lawrence _____ cómo prepararían las _____ para exhibir los diferentes artículos.

Si bien a los habitantes del pueblo los alegraba toda esta gran movilización, sentían un poco de tristeza. ¿Qué pasaría con los _____ que ofrecían sus productos por las calles? ¿Seguirían escuchando el sonido de los _____ que anunciaban el paso de los vendedores?

Nombre _____

Lee el texto. Completa el organizador gráfico de punto de vista.

Detalles

↓

Punto de vista

Nombre _____

Lee el poema. Comprueba tu comprensión preguntándote qué piensa o siente el narrador.

Aprendiendo a leer

Cuando abrí un libro por primera vez,
7 | creí que un globo ¡bummm! había explotado,
14 | dejando un reguero de letras traviesas
20 | apresado en las páginas impresas.

25 | Como alegres duendecitos inquietos,
29 | desde su cómoda cama blanca
34 | las letras me llamaban para descubrir
40 | su secreto.
42 | Pero aunque me esforzaba, yo no
48 | entendía nada.

50 | Mamá y papá sabían que amaba las palabras
58 | y juntos, por las noches, leyeron para mí.
66 | Entonces de palabras se llenó mi cabeza
73 | y un nuevo mundo enorme empecé a descubrir.

81 | Y así poquito a poco, un paso a la vez,
91 | como una hormiguita laboriosa, fui juntando
97 | las letras en hileras, una vez tartamudeando
104 | y otra vez enteras.

108 | Y luego, como una costurera, fui hilvanando
115 | con un hilo invisible, esos trazos incomprensibles,
122 | hasta hallar el secreto tan guardado.

Nombre _____

A. Vuelve a leer el poema y responde las preguntas.

1. ¿Quién es el narrador de este poema?

_____

_____

2. ¿Cuál es el punto de vista del narrador?

_____

_____

3. ¿Cómo sabes cuál es el punto de vista del narrador?

_____

_____

_____

B. Trabaja con un compañero o compañera. Lean el poema en voz alta. Presten atención al fraseo. Deténganse después de un minuto. Completen la tabla.

	Palabras leídas	–	Cantidad de errores	=	Puntaje: palabras correctas
Primera lectura		–		=	
Segunda lectura		–		=	

Nombre _____

Los anteojos perdidos

¡Hoy perdí mis anteojos!
Revolví toda la casa,
desarmé hasta los cerrojos.
Ya busqué bajo el colchón,
Y adentro de un cajón
Y debajo de un tapiz.
Y al fin los encontré,
¡uy! sobre mi propia nariz.

Responde las preguntas sobre el poema.

1. **¿Qué elemento hace que este sea un poema humorístico?**

   _____

2. **¿Qué versos riman?**

   _____

   _____

3. **¿Sobre qué trata el poema?**

   _____

4. **¿Dónde encuentra la niña sus anteojos?**

   _____

Nombre _____

Lee los versos del siguiente poema de verso libre. Luego responde las preguntas.

Aprendiendo a leer

Papá y mamá saben que necesito entender
qué significa cada palabra,

y me regalan horas de su tiempo para leer mis cuentos.
Amo las palabras y quiero aprender a leer.

Las palabras son parte de mi vida.
Muy pronto, mucho antes de lo que creía,
logré descubrir el gran secreto que las une
en líneas y entonces el mundo parece más pequeño.

Ese mundo me regala cosas increíbles, impensables, imposibles.
Y ahora, sentado con mi libro,
estoy listo para lanzarme a nuevas aventuras.

1. ¿Hay versos que riman en este poema?

_____

2. Halla un ejemplo de aliteración y escríbelo en las siguientes líneas.

_____

_____

3. Escribe otro verso para este poema que incluya aliteración.

_____

_____

_____

Nombre _____

Lee cada verso o estrofa. Presta atención a cada símil. Luego escribe las dos cosas que se están comparando.

1. Como alegres duendecitos inquietos...
   las letras me llamaban para descubrir su secreto

   _____

   _____

2. Y así poquito a poco, de un paso por vez,
   como una hormiguita laboriosa fui juntando las letras en hilera...

   _____

   _____

3. Y luego, como una costurera, fui hilvanando con un hilo invisible, esos
   trazos incomprensibles, hasta hallar el secreto tan guardado.

   _____

   _____

Nombre _____

A. Lee el borrador de ejemplo. Usa las siguientes preguntas como ayuda para pensar qué detalles descriptivos puedes agregar.

Borrador

Nuestra cortadora de césped es una buena máquina. Es silenciosa pero lanza un profundo rugido cuando la enciendes. Cuando el césped está desparejo, uso la cortadora de césped para cortarlo. Es muy útil tener esta máquina.

---

1. En la primera oración ¿qué palabra es mejor que "buena" para describir a una cortadora de césped?

2. ¿El rugido de la cortadora de césped suena como el rugido de alguna otra cosa?

3. ¿A qué se parece la máquina?

4. ¿Puedes describir cómo es la cortadora de césped o cómo se siente cuando corta el césped?

B. Ahora revisa el ejemplo. Agrega detalles para describir la cortadora de césped.

_____

_____

_____

_____

Nombre _____

El estudiante que escribió el texto de abajo usó evidencias de dos fuentes distintas para seguir la instrucción: Escribe un poema con rima sobre el sapo distraído. Incluye al menos una adivinanza.

Allá va el sapo, el sapo distraído.
Para el sapo, la calle es como un enorme río.

Se cuida de los pies, está un poco asustado,
se cuida de los coches que pasan a su lado.

Algo que tiene plumas y es amarillo
lo mira desde una ventana,
lo admira con su canto sencillo
en esta hermosa mañana.

Más tarde, al llegar al campanario,
el sapo se dice: "¿Qué he visto? ¡He visto un canario!".

Vuelve a leer el texto. Sigue las instrucciones.

1. **Encierra en un círculo** una comparación.

2. **Encierra en un cuadro** los detalles descriptivos de las cosas que asustan al sapo.

3. **Subraya** dos palabras que rimen.

4. Escribe un artículo definido y un artículo indefinido que usó Sophia.

_____

Nombre _____

arrogante	atento	atrevido	característica
noticia	reluciente	reojo	único

Usa las claves de contexto de cada oración como ayuda para decidir qué palabra de vocabulario corresponde usar. Escribe la palabra en el espacio en blanco.

Cuando llegó no podía comprender qué había sucedido. Miró de

_____ a su alrededor y vio la lámpara rota, las manchas en

la alfombra _____ en su tipo y las pisadas en el sofá.

Mi mamá miró fijamente a mi hermano y escuchó _____

su relato. Con la cabeza baja le comunicó la _____: le

habían regalado una mascota _____, _____ y

de _____ extrañas y él la había aceptado sin la autorización

de mis padres.

Para empezar, mamá le ordenó que limpiara, acomodara y dejara

_____ la sala de estar. Más tarde hablarían sobre lo

ocurrido.

Nombre _____

Lee el texto. Completa el organizador gráfico de problema y solución.

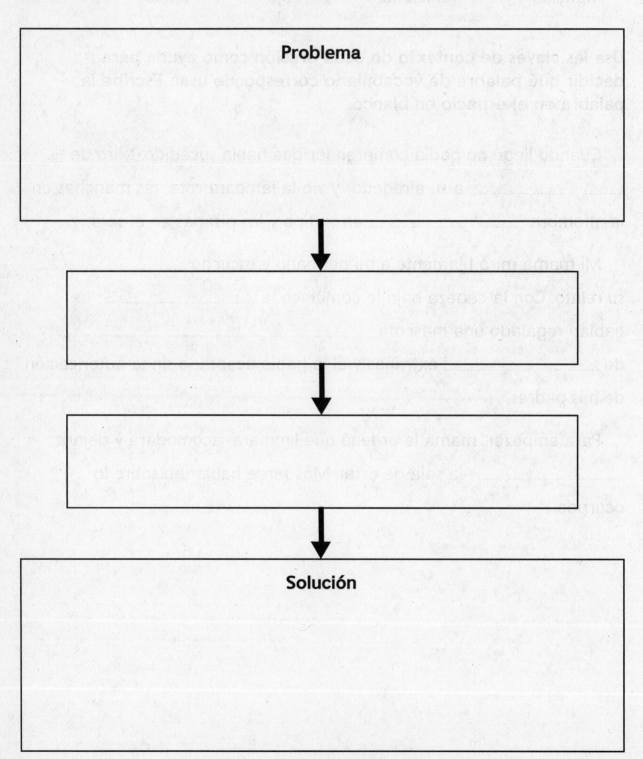

Nombre _____

Lee el texto. Usa la estrategia de visualizar como ayuda para comprender lo que estás leyendo.

Cómo se llenaron de rayas las cebras

	Esta historia ocurrió hace mucho tiempo en África. Un día,
10	Babuino, que era muy feroz, decidió dejar el árbol de la selva
22	donde vivía. Quería estar cerca del río. Era tan mezquino que
33	les dijo a todos los animales que la tierra le pertenecía solo a él.
47	Babuino estableció que era el único que tenía permiso para beber
58	agua del río.
61	Los animales estaban enfadados. Se enojaron porque
68	necesitaban el agua para sobrevivir. Pero todos le temían a
78	Babuino. Tenía una cabeza grande con cejas espesas y dientes
88	largos. Mostraba sus dientes en cada oportunidad para ahuyentar
97	a los animales. No sabían qué hacer.
104	Cebra era joven y valiente. También era audaz y se veía muy
116	guapa con su pelaje todo blanco. En otros tiempos, las cebras
127	tenían el pelo completamente blanco. Cebra les dijo a los demás
138	animales: "No le tengo miedo a Babuino. Le diré que vamos
149	a tomar agua del río". Al día siguiente, Cebra se encontró con
161	Babuino, pero él se negó a hablarle. Entonces Cebra lo desafió a
173	una lucha. Babuino se rió. Había pasado mucho tiempo desde la
184	última vez que había perdido una pelea.
191	Acordaron que el perdedor dejaría la selva y el río. Debería
202	vivir en la colina abandonada. La colina deshabitada era un
212	lugar en el que nadie quería vivir. Se encontrarían a la mañana
224	siguiente en el terreno de Babuino, junto al río.

Nombre _____

Al día siguiente, Cebra fue al terreno de Babuino. Él ya había encendido una fogata. El blanco pelaje de Cebra resplandecía al sol. Parecía como si estuviera iluminada desde adentro. Todos los animales se reunieron a ver la pelea. Sabían que no sería fácil vencer a Babuino.

Babuino y Cebra eran fuertes y usaron todas sus destrezas. Sabían en qué eran buenos. Cebra usó sus piernas para correr a Babuino. Pero Babuino era muy rápido. Tan ágil era que pudo ponerse fuera del alcance de Cebra.

De repente, y antes de que Cebra pudiera detenerse, se encontró cerca de la fogata. Estaba tan cerca que el calor del fuego comenzó a quemarla.

Cebra giró y pateó a Babuino quien voló sobre el río y hacia la colina abandonada. No estaba lastimado, pero su orgullo se encontraba herido. Sabía que había perdido. Los animales pudieron beber agua del río.

Cebra ganó, pero le quedaron marcas. El fuego había dejado largas rayas negras sobre su blanco pelaje. Desde ese día, todas las cebras tuvieron rayas negras y estuvieron orgullosas de ello. Era un símbolo de que Cebra había luchado y ganado la batalla para que todos los animales pudieran beber agua.

Nombre _____

A. Vuelve a leer el texto y responde las preguntas.

1. ¿Cuál es el conflicto en esta historia?

_____

_____

_____

2. ¿Qué solución se le ocurre a Cebra?

_____

_____

3. ¿Cuáles son los resultados de esta solución?

_____

_____

_____

B. Trabaja con un compañero o compañera. Lean el texto en voz alta. Presten atención a la expresividad. Deténganse después de un minuto. Completen la tabla.

	Palabras leídas	–	Cantidad de errores	=	Puntaje: palabras correctas
Primera lectura		–		=	
Segunda lectura		–		=	

Nombre _____

Cómo el oso perdió su cola

Hace mucho tiempo, el Oso tenía una cola larga y brillante. Estaba orgulloso de su cola y fanfarroneaba: —¡Ninguna otra cola en el bosque se compara con la mía! —decía.

El Zorro se hartó de las fanfarronadas del Oso. Un día de invierno, el Zorro fue a un lago congelado y se sentó en un hoyo en el hielo. Cuando oyó venir al Oso, el Zorro gritó fuerte "¡Mi cola no es lo suficientemente brillante como para alcanzar ese jugoso pez debajo del hielo!". Luego se escondió detrás de un árbol.

"¡Mi brillante cola podría alcanzar ese pez!", pensó el Oso, relamiéndose. Hundió su cola en el agua helada. Mientras esperaba, el Oso se quedó dormido. El Zorro observó al Oso dormido. Luego se acercó sigilosamente:

—¡Despiértate Oso! ¡El pez está mordiendo tu cola! —gritó el Zorro tan fuerte como pudo. El Oso se despertó con tal sobresalto que su cola congelada se cortó por completo.

Responde las preguntas sobre el texto.

1. ¿Cómo sabes que este es un cuento folclórico?

_____

2. ¿Qué problema enfrenta el Zorro?

_____

3. ¿Cómo resuelve el Zorro su problema?

_____

4. ¿Cuál piensas que es la lección de este texto?

_____

Nombre _____

Lee las oraciones. Encierra en un círculo las oraciones que te ayuden a definir cada palabra en negrilla. Luego, escribe sobre la línea, con tus propias palabras, la definición de cada sinónimo.

1. Los animales estaban **enfadados**. Se enojaron porque necesitaban el agua para sobrevivir.

_____

2. Cebra era joven y **valiente**. También era audaz y se veía muy guapa con su pelaje todo blanco.

_____

3. Debería vivir en la colina **abandonada**. La colina deshabitada era un lugar en el que nadie quería vivir.

_____

4. Pero Babuino era muy **rápido**. Tan ágil era que pudo ponerse fuera del alcance de Cebra.

_____

5. No estaba **lastimado**, pero su orgullo se encontraba herido. Sabía que había perdido.

_____

Nombre _____

A. Lee el borrador de ejemplo. Usa las siguientes preguntas como ayuda para pensar qué tipos de oraciones puedes agregar para hacer que la historia sea más interesante.

Borrador

Me gustan las mariposas. Mi favoritas son las mariposas monarcas. Ponen sus huevos en el árbol de algodón. Pienso que todos deben plantar algunos algodoncillos en su jardín. Me pregunto a quién más le gustan las mariposas.

---

1. ¿Cómo podrías reescribir la primera oración para hacerla exclamativa?

2. ¿Cómo podrías reescribir la cuarta oración para hacerla imperativa?

3. ¿Cómo podrías reescribir la última oración para hacerla interrogativa?

B. Ahora revisa el ejemplo. Usa diferentes tipos de oraciones para hacer que la historia sobre las mariposas monarcas sea más interesante de leer y más fácil de comprender.

_____

_____

_____

_____

_____

Nombre _____

El estudiante que escribió el texto de abajo usó evidencias de dos fuentes distintas para seguir la instrucción: *Agrega más diálogo entre Martina y Don Lagarto en la parte inferior de la página 209 para hablar más sobre los lagartos.*

¿Sangre fría? ¡Por supuesto que soy de sangre fría! —gritó Don Lagarto, mientras quitaba café de sus escamas—. También soy un reptil y un vertebrado. ¿No ves mi hermosa columna? —El lagarto giró y señaló con orgullo los huesos rugosos en su espalda.

—Ya veo. Pensaba que los vertebrados debían ser criaturas *erguidas* —dijo Martina. Estaba cansada del parloteo del lagarto. Primero suspiró. Luego, sacudió su cabeza y gritó: —¡Ya basta de hablar! ¡Vete de una vez!

Don Lagarto miró a Martina con desdén y se marchó tan rápido como sus cortas y escamosas patas se lo permitieron.

Vuelve a leer el texto. Sigue las instrucciones.

1. **Encierra en un cuadro** un ejemplo de diálogo en el primer párrafo.

2. **Subraya** un tipo de oración diferente que hace el texto más interesante.

3. **Encierra en un círculo** las palabras claves en el texto que ayudan a comprender el orden de los sucesos de la historia.

4. Escribe uno de los verbos predicativos que usó el estudiante.

_____

Nombre _____

espacioso	humor	mueca	líder
sorprendente	temeroso	trampa	valentía

Usa una palabra de vocabulario para responder cada pregunta.
Luego usa la palabra en una oración.

1. ¿Qué palabra puede describir la *capacidad de enfrentar el peligro con coraje*? _____

   _____

2. ¿Qué palabra significa que algo es inesperado y causa sorpresa?

   _____

3. ¿Qué palabra describe a *alguien que guía o muestra el camino*?

   _____

4. ¿Cómo se llama a la *persona que tiene temor de hacer algo*?

   _____

5. ¿Qué palabra describe al *mecanismo que se utiliza para atrapar animales*? _____

6. ¿Cómo se llama al *movimiento de una parte de la cara, que a veces se usa para expresar burla*? _____

   _____

7. ¿Qué palabra sirve para describir un lugar grande y amplio? _____

   _____

8. ¿Qué palabra se usa para nombrar un estado de ánimo?

   _____

Nombre _____

Lee el texto. Completa el organizador gráfico de causa y efecto.

Personaje
Ambiente

Causa	Efecto
→	
Causa	**Efecto**
→	
Causa	**Efecto**
→	

Nombre _____

Lee el texto. Usa la estrategia de visualizar como ayuda para comprender el texto.

Una carta a Helen Keller

Estimada señora Keller:

3   Me llamo Amelia Grant. Vivo en Nome, Texas, donde mi papá

14   tiene una refinería de petróleo. Nací en el año 1900, de manera

26   que ahora tengo doce años. Cuando tenía ocho, estaba cerca de

37   uno de los pozos de petróleo. Hubo una gran explosión. Como

48   resultado, perdí gran parte del sentido de la audición.

57   Mucho ha cambiado desde entonces. En primer lugar, ya no

61   puedo oír música de la misma manera. Me encantaba escuchar

67   a mi mamá cantar canciones. Cuando perdí la audición, me

87   puse triste porque nunca más volvería a escuchar a mi madre

98   cantar. Pero ahora pongo mi oído sobre su pecho. Puedo sentir

109   las vibraciones de su voz. Ahora, siento la música en lugar de

121   escucharla.

122   Además, tengo que ir a una escuela diferente muy lejos de

133   nuestra ciudad. Se llama Escuela de Texas para Sordos. Está en

144   Austin, a doscientas millas de Nome. Las maestras son amables,

154   pero paso meses lejos de mi familia. Los veo en las vacaciones,

166   pero los extraño.

169   Durante nuestras últimas vacaciones de invierno, mi papá me

178   dio un libro que usted escribió, *La historia de mi vida*. Leí que

191   cuando se quedó sorda y ciega, le resultaba muy difícil decir a las

204   personas qué era lo que quería. Debido a esto, algunas veces se

216   enojaba, perdía la cabeza y emitía sonidos fuertes.

Nombre _____

Su mamá y su papá se sintieron muy angustiados. ¡Realmente tenían un nudo en la garganta! Es por eso que le buscaron una gran maestra. Es la señorita Sullivan. Le mostró que había una palabra para describir cada objeto e idea. Gracias a la señorita Sullivan, ahora puede leer y escribir utilizando el sentido del tacto.

También leí que adora hacer preguntas. Entonces ahora, cuando estamos en la escuela, hago muchas preguntas. Descubrí que hacerlo realmente me ayuda a aprender. Estoy aprendiendo más que antes de perder mi audición. Quizás mi mamá tenga razón. Ella me abrió los ojos cuando me hizo entender que las cosas muy malas pueden venir acompañadas de otras muy buenas.

Tengo una mejor amiga en Nome. Se llama Anna Bailey. Cuando perdí mi audición, creí que Anna ya no querría ser mi amiga. Pensé que solo querría jugar con personas que pudieran oír. Pero me equivoqué. Anna siguió siendo mi amiga. Hasta me ayudó. Dijo que me acostumbraría a ser sorda. "Puede llevarte un tiempo", me dijo, "pero ya le tomarás la mano". Me hizo sentir mucho mejor.

Cuando escuché acerca de usted la primera vez, me sorprendí. Aún siendo sorda y ciega, puede hacer casi todo. Hasta fue a la universidad. Es como una heroína para mí. Espero que algún día pueda visitarla para aprender más la una de la otra.

Cariñosamente,
Amelia Grant

Nombre _____

A. Vuelve a leer el texto y responde las preguntas.

1. **Describe dos cosas que cambiaron para Amelia después de que perdió el sentido de la audición.**

   _____

   _____

   _____

2. **Vuelve a leer el quinto párrafo de la carta. ¿Cómo aprendió Helen Keller a escribir usando el sentido del tacto?**

   _____

   _____

3. **¿Por qué Amelia comenzó a hacer muchas preguntas en la escuela?**

   _____

   _____

B. Trabaja con un compañero o compañera. Lean el texto en voz alta. Presten atención al fraseo. Deténganse después de un minuto. Completen la tabla.

	Palabras leídas	–	Cantidad de errores	=	Puntaje: palabras correctas
Primera lectura		–		=	
Segunda lectura		–		=	

Nombre _____

Un encuentro sorprendente

Cuando era niño jugaba al béisbol en el parque todas las tardes. Una vez, cuando regresaba de buscar una pelota perdida, me encontré con un señor. Me pareció conocido y me detuve a mirarlo. ¡Era un jugador estrella de las grandes ligas! Yo estaba tan emocionado que casi no podía hablar. El jugador fue muy amable y me autografió la pelota.

Responde las preguntas sobre la selección.

1. ¿Cómo sabes que este texto es ficción realista?

_____

2. ¿Qué sucede al principio del cuento?

_____

3. ¿Qué sucede durante el desarrollo?

_____

_____

4. ¿Qué sucede al final?

_____

Nombre _____

Lee cada uno de los siguientes fragmentos. Observa los modismos, resaltados en negrilla. Encierra en un círculo las claves de contexto que te ayuden a comprender cada modismo. Luego escribe el significado del modismo sobre la línea.

1. Leí que cuando se quedó sorda y ciega, le resultaba muy difícil decir a las personas qué era lo que quería. Debido a esto, algunas veces se enojaba, **perdía la cabeza** y emitía sonidos fuertes.

_____

2. Su mamá y su papá se sintieron muy angustiados. ¡Realmente **tenían un nudo en la garganta!** Es por eso que le buscaron una gran maestra.

_____

3. Estoy aprendiendo más que antes de perder mi audición. Quizás mi mamá tenga razón. **Ella me abrió los ojos** cuando me hizo entender que las cosas muy malas pueden venir acompañadas de otras muy buenas.

_____

4. Anna siguió siendo mi amiga. Hasta me ayudó. Dijo que me acostumbraría a ser sorda. "Puede llevarte un tiempo", me dijo, "pero ya **le tomarás la mano**".

_____

Nombre _____

A. Lee el borrador de ejemplo. Usa las siguientes preguntas como ayuda para pensar qué palabras y frases de enlace puedes agregar para conectar las ideas.

Borrador

No quería tocar el piano. Era demasiado difícil. Mi maestro de piano me explicó la importancia de la música. Me inspiró. Realmente disfruto cuando toco el piano.

---

1. ¿Qué palabras y frases de enlace podrías agregar para hacer que las relaciones sean más claras para el lector?

2. ¿Qué palabras y frases de enlace mostrarían cuándo ocurrieron los sucesos?

3. ¿Qué palabras y frases de enlace harían que el texto fuera más fácil de seguir?

B. Ahora revisa el ejemplo. Agrega palabras de enlace para ayudar a conectar las ideas.

_____

_____

_____

_____

_____

Nombre _____

La estudiante que escribió el texto de abajo usó evidencias de dos fuentes distintas para seguir la instrucción: Escribe una carta de Mary McLeod Bethune con consejos a su alumna Odicia.

Mi querida Odicia:

Te escribo porque estoy muy preocupada porque he notado que no estás contenta durante las clases y que no juegas con los otros niños. Me gustaría saber qué te pasa, si has tenido algún problema familiar, si hay algo que te preocupe. Quizás te resulten difíciles los ejercicios que practicamos en lengua, matemática, historia, geografía o ciencias. ¿O es que siempre estás tan seria porque no has aprendido a reír y a disfrutar de cada momento?

Como ya sabes, yo amo a mis estudiantes y los observo en todo momento. Puedes contar conmigo para lo que necesites.

Con todo cariño,
Tu maestra

Vuelve a leer el texto. Sigue las instrucciones.

1. **Encierra en un círculo** una oración donde la narradora muestra su punto de vista.

2. **Encierra en un cuadro** los detalles descriptivos sobre lo que la maestra enseña en clase.

3. **Subraya** una palabra de enlace que haya usado la narradora para conectar las ideas.

4. Escribe al menos dos verbos regulares en presente del texto de Isabella.

Nombre _____

| astronomía | cantidad | permitir | rocoso |
| sistema solar | superficie | temperatura | terráqueo |

Completa cada oración usando la palabra de vocabulario provista.

1. **(sistema solar)** El Sol y los planetas _____

   _____.

2. **(superficie)** Los terremotos provocan cambios en _____

   _____.

3. **(temperatura)** Para que el agua hierva _____

   _____.

4. **(astronomía)** Si te gusta observar el cielo de noche _____

   _____.

5. **(cantidad)** La lista de ingredientes de una receta de cocina _____

   _____.

6. **(permitir)** El buen tiempo _____

   _____.

7. **(rocoso)** Los dinosaurios _____

8. **(terráqueo)** Si quieres ver cuán lejos está Asia del lugar donde vives

   _____.

Nombre _____

Lee el texto. Completa el organizador gráfico de idea principal y detalles clave.

Idea principal

Detalle

Detalle

Detalle

Nombre _____

Lee el texto. Usa la estrategia de resumir para verificar tu comprensión de los detalles importantes del texto.

Ver en rojo

9	Probablemente hayas visto las estrellas en el cielo. Quizás
	hasta viste un planeta. ¿Te has preguntado cómo son los demás
20	planetas? Muchas personas se lo preguntan. En la búsqueda
29	de una respuesta a esta pregunta, los científicos han aprendido
39	mucho sobre Marte. Los científicos están dispuestos a hacer todo
48	lo que esté a su alcance para saber aún más sobre Marte.

El cuarto lugar

61	
64	Marte es el cuarto planeta desde el Sol. La Tierra es el tercero.
76	Marte tiene un color rojizo. Se lo llama el Planeta Rojo. Tiene
87	aproximadamente la mitad del tamaño de la Tierra. La Tierra
97	tiene diferentes tipos de climas. Hay lugares fríos, cálidos, secos
107	y húmedos. Marte es solo un desierto frío. El agua no es líquida
119	allí. Se congela por el frío. ¿Es posible pensar que Marte fue
132	cálido alguna vez?

Rovers rojos

137	
139	Los científicos querían saber cómo era Marte mucho tiempo
148	atrás. Enviaron máquinas llamadas rovers para investigar. El
156	primero aterrizó en Marte en 1997. Envió imágenes de Marte
166	a la Tierra. Nos permitió conocer las rocas y el suelo. Esta
178	información útil les dio pistas a los científicos. Los científicos
188	dicen que Marte alguna vez fue cálido y húmedo como lo es hoy
201	la Tierra.

Copyright © McGraw-Hill Education

Plantas en el planeta rojo

Los *rovers* nos ayudaron a conocer a Marte. Los científicos ahora quieren enviar gente a Marte para aprender más. Llevaría casi un año y medio ir y volver. Es un gran trayecto para recorrer. La gente necesitaría llevar agua y comida. Sería difícil viajar tanta distancia llevando todo lo necesario. Los

Los *rovers* como este conducen experimentos científicos en Marte.

investigadores de la NASA tienen una solución. Quieren crear plantas especiales. Estas plantas podrían vivir en el frío de Marte. Podrían cultivarse cuidadosamente en un invernadero. Las plantas producirían alimento para los investigadores que visiten Marte.

Si se logra cultivar plantas comestibles en Marte, las personas tendrían que llevar menos alimentos. Podrían tener alimentos para más tiempo si se producen allí. ¿De qué manera sería de utilidad esto? Cuanto más tiempo puedan quedarse los investigadores, más podrán aprender sobre el Planeta Rojo.

La superficie de Marte es fría, rocosa y desolada. No está llena de vida como la Tierra. Sin embargo, la evidencia muestra que alguna vez tuvieron el mismo clima. La investigación nos ha ayudado a aprender más sobre Marte. La gente podría ir allí para descubrir todavía más. Hacer crecer plantas en Marte serviría de alimento a quienes viajen hasta allí. Esto les permitiría estadías más largas para aprender más. Avances de este tipo nos ayudan a sacar a la luz más misterios sobre Marte.

Nombre _____

A. Vuelve a leer el texto y responde las preguntas.

1. ¿Cuáles son los detalles clave del tercer párrafo?

_____

_____

2. ¿De qué manera están conectados estos detalles clave?

_____

_____

3. ¿Cuál es la idea principal del quinto párrafo?

_____

_____

B. Trabaja con un compañero o compañera. Lean el texto en voz alta. Presten atención a la precisión y al fraseo. Deténganse después de un minuto. Completen la tabla.

	Palabras leídas	–	Cantidad de errores	=	Puntaje: palabras correctas
Primera lectura		–		=	
Segunda lectura		–		=	

Nombre _____

Los anillos de Saturno

El planeta Saturno tiene muchos anillos fascinantes. Los anillos de Saturno parecen sólidos desde lejos. Sin embargo, están compuestos de miles de millones de fragmentos de roca y hielo. Algunos fragmentos son tan finos como el polvo. Otros son tan grandes como montañas. Los científicos piensan que algunos de estos fragmentos de roca y hielo pertenecen a una antigua luna. Esta luna puede haberse salido de su órbita y haberse estrellado contra Saturno.

Nombre del anillo	Ancho del anillo
Anillo C	17.500 km
Anillo B	25.500 km
Anillo A	14.600 km

Responde las preguntas sobre la selección.

1. ¿Cómo sabes que este es un texto expositivo?

   _____

2. ¿Qué características del texto incluye el texto?

   _____

3. ¿Qué información te brinda la tabla?

   _____

4. ¿Cómo te ayuda el título a comprender el texto?

   _____

Nombre _____

Sufijo	Significado
-oso	que tiene mucha cantidad de algo
-mente	de determinada manera
-able	que tiene la capacidad de
-ción	indica una acción
-dad	que tiene la cualidad de

A. Lee las siguientes preguntas. Responde las preguntas usando palabras del cuadro, pero transformándolas en palabras nuevas con alguno de estos sufijos: *-oso, -mente, -able, -ción* o *-dad*. Escribe la nueva palabra sobre la línea y luego escribe su significado. Usa la información sobre sufijos.

roca	cuidado	comer	investigar	útil

1. ¿Cómo es la superficie de una montaña? _____

2. ¿Cómo haces muy bien una cosa? _____

3. ¿Cómo es un producto que puede ser consumido como alimento?

   _____

4. ¿Cómo se llama la acción de investigar algo?

   _____

5. ¿Cómo se llama a la cualidad de ser útil que tienen algunas cosas?

   _____

Nombre _____

A. Lee el borrador de ejemplo. Usa las siguientes preguntas como ayuda para escribir mejor el párrafo. Debe tener una oración sobre la idea principal y otras oraciones con detalles.

Borrador

Una noche vi un cometa en el cielo durante el juego de béisbol de mi hermano. El cometa tenía una cola larga y brillante. Cruzó el cielo rápidamente y luego desapareció.

---

1. ¿Cuál es el tema del borrador? ¿Qué detalles podrías agregar o reordenar para hacer que el tema sea más claro?

2. ¿Cómo podrías reforzar los detalles que apoyan la idea principal?

3. ¿Qué otros detalles podrías agregar para ayudar a respaldar el tema?

B. Ahora revisa el ejemplo. Revisa las oraciones y agrega detalles para crear una oración sólida sobre la idea principal y buenas oraciones de apoyo.

_____

_____

_____

_____

_____

Nombre _____

El estudiante que escribió el texto de abajo usó evidencias de dos fuentes distintas para seguir la pregunta: *¿Cómo podemos aprender sobre el espacio al leer textos expositivos y leyendas?*

Un texto expositivo narra hechos, como que la Tierra es parte de un sistema solar de ocho planetas y el Sol. Los planetas orbitan alrededor del Sol. Le toma a la Tierra alrededor de 365 días, o un año, moverse alrededor del Sol. Pero los planetas también giran mientras se mueven. A la Tierra le toma 24 horas, o un día, dar un giro completo.

Las leyendas muestran cómo las personas en el pasado trataban de explicar lo que veían en el cielo. Una leyenda de los nativos americanos explica cómo las estrellas llegaron al cielo. Un coyote vio a un hombre ordenar las estrellas en figuras llamadas constelaciones. Luego, el coyote tropezó con el frasco de estrellas y las estrellas restantes salpicaron el cielo. Esto explica por qué algunas estrellas forman figuras mientras que otras están solo esparcidas por el cielo.

Ambos textos hablan sobre el espacio. El texto expositivo se basa solo en hechos. La leyenda combina hechos sobre el planeta con una historia que los explica. El texto expositivo da más información pero la leyenda nos explica lo que pensaba la gente sobre el espacio.

Vuelve a leer el texto. Sigue las instrucciones.

1. **Encierra en un cuadro** una de las ideas principales.

2. **Subraya** hechos e ideas que respaldan la idea principal.

3. **Encierra en un círculo** la conclusión que resume el texto.

4. **Escribe uno de los verbos en pasado que usó el estudiante.**

_____

Nombre_____

| ejemplo | efectivo | idéntico | copiar |
| material | modelo | observar | similar |

**Usa una palabra del cuadro para responder cada pregunta.
Luego usa la palabra en una oración.**

1. Si resulta imposible distinguir una cosa de otra, ¿cómo son?

_____

2. Cuando se construye una casa, ¿qué son los ladrillos y las maderas?

_____

3. ¿Cómo describirías un plan que sirvió para realizar lo que se proponían?

_____

4. ¿Cuál es otra palabra para *examinar atentamente*? _____

_____

5. ¿Cómo se llama un modelo para imitar? _____

_____

6. Si dos cosas son parecidas, ¿cómo se consideran? _____

_____

7. ¿Cuál es un sinónimo de *imitar*? _____

_____

8. ¿Cómo se llama a una versión más pequeña de una construcción más
grande? _____

_____

Nombre _____

Lee el texto. Completa el organizador gráfico de idea principal y detalles clave.

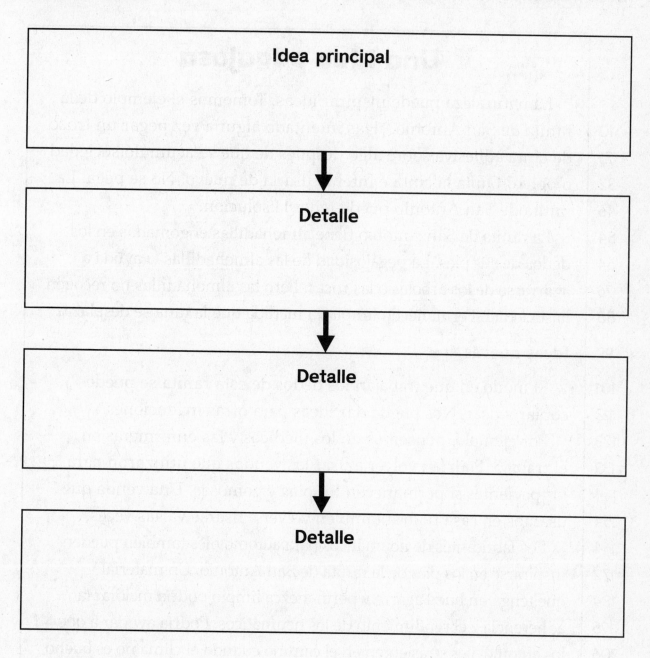

Nombre _____

Lee el texto. Usa la estrategia de resumir para encontrar las ideas más importantes y los detalles del texto.

Una idea pegajosa

10	La naturaleza puede inspirar ideas. Tomemos el ejemplo de la ranita de San Antonio. ¿Has intentado alguna vez pegar un trozo
21	de cinta adhesiva sobre algo después de que se acumuló suciedad
32	o polvo? Quita la cinta e intenta usarla de nuevo. No se pega. La
46	ranita de San Antonio puede tener la solución.
54	La ranita de San Antonio tiene almohadillas engomadas en los
64	dedos de sus pies. La pegajosidad de las almohadillas la ayuda a
76	agarrarse de los árboles o las rocas. Pero las almohadillas no recogen
88	la suciedad. Permanecen limpias a medida que la rana se desplaza.

Ideas nuevas   99

101	El modo en que trabajan los dedos de esta ranita se puede
113	copiar y usar. Nos puede dar ideas para otras invenciones.
123	Por ejemplo, pensemos en los médicos y las enfermeras en
133	el trabajo. Podrían volver a usar las vendas que utilizaron para
144	los pacientes si permanecen limpias y gomosas. Una venda que
154	usamos en casa podría también volver a usarse varias veces.
164	Los fabricantes de neumáticos para automóviles también pueden
172	inspirarse en los pies de la ranita de San Antonio. Un material
184	que tenga un buen agarre y permanezca limpio podría mejorar la
195	adherencia y el rendimiento de los neumáticos. Podría ayudar a que
206	los automóviles se asienten en el camino cuando el clima no es bueno.
219	Un producto como este también podría ser un buen pegamento
229	o cinta adhesiva. Un adhesivo limpio que dure mucho podría ser
240	útil en el hogar y en la escuela.

Nombre _____

Puesta a prueba

Los investigadores pusieron a prueba a un grupo de ranitas de San Antonio. Las colocaron en plataformas y luego inclinaron y movieron las plataformas. Pusieron polvo en los pies de las ranitas. En un principio, la investigación mostró que estas ranitas perdían su agarre a la superficie si no se movían. Cuando movían sus pies, en cambio, podían recuperar el agarre.

Cómo funciona

¿Cómo limpian sus pies especiales las ranitas de San Antonio? Sus pies producen una mucosidad viscosa. Esta sustancia es liberada con cada paso que dan. La mucosidad vieja queda detrás con el polvo

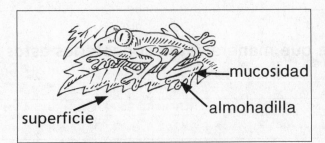

La mucosidad de la parte inferior del pie de una ranita se renueva después de cada paso, manteniendo al pie pegajoso y limpio.

y la suciedad. La mucosidad nueva ayuda a que los pies de las ranitas se adhieran. Este proceso limpia sus pies a medida que avanzan.

Los pies de las ranitas de San Antonio también tienen un dibujo de seis caras en la parte inferior. La forma del dibujo es buena para mantener las almohadillas en contacto con la superficie cuando están paradas. También ayuda a que la mucosidad se esparza por la almohadilla.

Estudiar los pies de las ranitas es solo un modo en el que las personas pueden encontrar inspiración en la naturaleza. Las ideas provienen de lo que nos rodea. Nadie sabe qué vendrá después. ¿Cuál es tu predicción?

Nombre _____

A. Vuelve a leer el texto y responde las preguntas.

1. ¿Cuáles son los tres detalles clave de los párrafos 4, 5 y 6?

_____

_____

_____

_____

2. ¿De qué manera están conectados estos detalles?

_____

_____

3. Usando los detalles, ¿cuál es la idea principal de todo el texto?

_____

_____

B. Trabaja con un compañero o compañera. Lean el texto en voz alta. Presten atención al fraseo y el ritmo. Deténganse después de un minuto. Completen la tabla.

	Palabras leídas	–	Cantidad de errores	=	Puntaje: palabras correctas
Primera lectura		–		=	
Segunda lectura		–		=	

Nombre _____

Contra la corriente

Los peces pueden moverse en dirección contraria a la corriente de agua sin gastar mucha energía. Usan los remolinos para ayudarse. Un remolino es una masa de agua que gira entre las rocas. El agua del remolino arrastra hacia el centro las cosas que están a su alrededor. Los peces mueven sus cuerpos hacia atrás y adelante, para ser arrastrados de un remolino a otro.

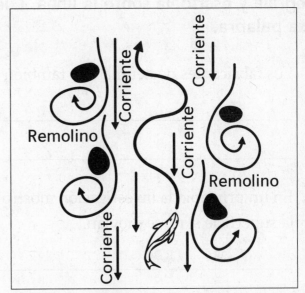

Los remolinos mueven a los peces hacia adelante y hacia atrás en dirección contraria a la corriente del agua.

Responde las preguntas sobre la selección.

1. ¿Cómo sabes que este es un texto expositivo?

_____

2. ¿Qué elementos del texto incluye?

_____

3. ¿Cómo te ayuda el diagrama a entender el texto?

_____

4. ¿Qué información brinda el pie de foto?

Nombre _____

Lee cada una de las oraciones. Halla la raíz de la palabra en negrilla y escríbela sobre la línea. Luego escribe la definición de esa palabra.

1. Los **fabricantes** de neumáticos también pueden imitarlo.

_____

_____

2. En un principio la **investigación** mostró que estas ranitas perdían su agarre a la superficie si no se movían.

_____

_____

3. Por ejemplo, pensemos en los médicos y las **enfermeras**.

_____

_____

4. La naturaleza puede **inspirar** ideas.

_____

_____

5. Este proceso **limpia** sus pies a medida que avanzan.

_____

_____

Nombre _____

A. Lee el borrador de ejemplo. Usa las siguientes preguntas como ayuda para pensar cómo reforzar la conclusión y darle al texto un buen final.

Borrador

Me gustaría inventar un juego de parque de diversiones que tenga un recorrido similar al de la semilla del arce al caer del árbol. Pienso que los niños lo disfrutarían. Al igual que las semillas, empezaría arriba. Luego giraría hacia abajo y aterrizaría suavemente.

---

1. ¿Cuál es la idea principal del borrador? ¿Qué puntos la respaldan?

2. ¿Cómo podría modificarse la conclusión para resumir de una mejor manera la idea principal y los puntos de apoyo?

3. ¿Qué detalles podrían agregarse para dar al lector algo más en qué pensar?

B. Ahora revisa el ejemplo. Agrega detalles y vuelve a disponerlos para crear una buena conclusión que resuma la idea principal.

_____

_____

_____

_____

_____

_____

Nombre _____

El estudiante que escribió el texto de abajo usó evidencias de dos fuentes distintas para seguir la pregunta: *¿Cómo puede la naturaleza servir de inspiración para inventos? Usa detalles del texto.*

La naturaleza nos brinda grandes ideas y soluciones. Encontramos ideas asombrosas por todas partes. Solo debemos observar las características especiales de plantas y animales. Por ejemplo: un pegamento especial adhiere a los percebes a las rocas. Las estrategias de tejido y la seda les permiten a las arañas crear redes asombrosas y fuertes. Pequeños cabellos pegajosos en sus patas, les permiten a los gecos trepar paredes. Estos animales usan inventos incorporados para sobrevivir pero también nos inspiran a usar tecnologías similares para hacer que la vida sea más fácil, segura y mejor.

Las personas han utilizado lo aprendido de la naturaleza para crear cosas útiles. Estudiaron el vuelo de los pájaros para mejorar los aviones. Notaron cómo los huesos de un pez forman un diseño que puede servir para cortar y lo utilizaron para diseñar sierras. Incluso, han estudiado cómo las termitas enfrían sus montículos para diseñar edificios con una refrigeración similar. La naturaleza nos brindará más buenas ideas si seguimos estudiando los animales y las plantas.

Vuelve a leer el texto. Sigue las instrucciones.

1. **Encierra en un cuadro** una de las oraciones principales.

2. **Subraya** un detalle que ayuda a desarrollar el tema.

3. **Encierra en un círculo** la conclusión que resume el texto.

4. **Escribe** uno de los verbos en futuro que usa el estudiante.

Nombre _____

| appreciar | descendiente | explosión demográfica | inmigración |
| pionero | placentero | transporte | vehículo |

Completa cada oración usando la palabra de vocabulario provista.

1. **(explosión demográfica)** Debido a su buena ubicación, _____

   _____

2. **(apreciar)** Es importante demostrarles a tus amigos _____

   _____

3. **(placentero)** Durante la primavera, _____

   _____

4. **(pionero)** Las personas que en el siglo XIX _____

   _____

5. **(descendientes)** _____

   algún día contarán historias sobre mí.

6. **(vehículos)** El mejor modo de viajar largas distancias _____

   _____

7. **(inmigración)** La población de Estados Unidos creció _____

   _____

8. **(transporte)** En una ciudad, las personas se desplazan _____

   _____

Nombre _____

Lee el texto. Completa el organizador gráfico de secuencia.

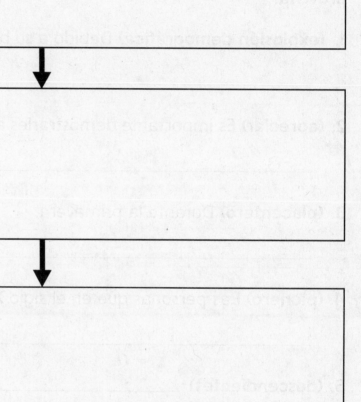

Suceso

Nombre _____

Lee el texto. Usa la estrategia de resumir para estar seguro de que comprendes el texto.

Los barcos de vapor del Mississippi

¿Qué sucede si quieres que te envíen algo desde muy lejos?
11 Ahora las mercaderías viajan en camión o por avión. Pero, ¿qué
22 hacía la gente antes? ¿Cómo viajaban las cosas que venían desde
33 muy lejos? Hace doscientos años, las mercaderías viajaban por el
43 río Mississippi. Los barcos de vapor las transportaban.

51 **¿Qué es un barco de vapor?**

57 Un barco de vapor es un buque que funciona con vapor. El agua
70 hierve y se convierte en vapor. El vapor produce la fuerza que se
83 usa para hacer trabajar el motor. Por lo general tenían una rueda
95 en la parte posterior. El motor hacía girar la rueda. Esto hacía que
108 el barco avanzara. Los capitanes conducían los barcos de vapor
118 desde una pequeña sala ubicada en el techo de la cabina. Tenían
130 que prestar atención a posibles obstáculos en el río.

139 **Shreve adapta el barco de vapor**

145 John Fitch construyó el primer barco de vapor exitoso. Pero solo
156 podía flotar en aguas profundas. El Mississippi no era profundo.
166 Sin embargo, esta tarea era realizable. Henry Shreve adaptó el
176 barco de vapor para que pudiera navegar por el río Mississippi.
187 Primero, Shreve hizo que los barcos pudieran flotar en aguas
197 poco profundas. Luego, usó un motor de vapor de alta presión.
208 Esto hizo que el barco fuera más rápido. Finalmente, añadió una
219 cubierta superior elevada. El barco de vapor de Shreve sirvió de
230 modelo para todos los otros barcos de vapor del Mississippi.

Nombre _____

La época dorada de los barcos de vapor

Los primeros barcos de vapor, que comenzaron a funcionar en el Mississippi en el año 1808, eran muy lentos. Luego empezaron a tener más velocidad. La gente comenzó a usarlos más. En 1834 había aproximadamente unos doscientos barcos cargueros a vapor en el río. Veinte años después, ya había alrededor de

Los barcos a vapor de carga eran comunes en el Mississippi en el siglo XIX.

mil. Este tipo de barco se convirtió en la mejor manera de viajar por el Mississippi por los siguientes cincuenta años.

Mark Twain escribió un libro llamado *Vida en el Mississippi*. Allí contaba sus días como capitán de un barco de vapor. En el libro de Twain, el viaje en barco de vapor parece agradable. Sin embargo, la vida en un barco de vapor podía ser dura. Si el capitán no era cuidadoso, podría ser riesgoso viajar allí. El capitán debía conducir cuidadosamente en las noches sin luna, ya que era difícil ver el camino.

El final de una época

Llegó a haber muchísimos barcos de vapor en el río Mississippi. Luego llegó el ferrocarril. Los trenes eran mucho más veloces y se convirtieron en la forma más recomendable de viajar. Finalmente, en 1920, los barcos de vapor dejaron de usarse. Llegó el final de la era del barco de vapor.

Un barco de vapor para cada ocasión

Había diferentes tipos de barcos de vapor. Los remolcadores acarreaban barcazas a lo largo del río. Los barcos llamados "paquebotes" transportaban mercaderías y gente. También había "barcos-teatro", en los que la gente hacía fiestas.

Nombre _____

A. Vuelve a leer el texto y responde las preguntas.

1. ¿Quién construyó el primer barco de vapor exitoso?

_____

2. ¿Qué fue lo primero que hizo Henry Shreve para adaptar el barco de vapor para poder usarlo en el Mississippi?

_____

_____

3. ¿Qué sucedió cuando los barcos de vapor comenzaron a andar a mayor velocidad?

_____

_____

4. ¿Qué sucedió cuando los ferrocarriles se convirtieron en el modo más recomendable de viajar?

_____

_____

B. Trabaja con un compañero o compañera. Lean el texto en voz alta. Presten atención a la precisión y al fraseo. Deténganse después de un minuto. Completen la tabla.

	Palabras leídas	–	Cantidad de errores	=	Puntaje: palabras correctas
Primera lectura		–		=	
Segunda lectura		–		=	

Nombre _____

El fin del Pony Express

El 24 de octubre de 1861, después de prestar servicios durante diecinueve meses, el Pony Express dejó de funcionar. Ese día se completó la Línea de Telégrafos del Pacífico. En lugar de enviar cartas, ahora la gente podía utilizar el telégrafo para hacer llegar sus mensajes. Las noticias podían viajar de un lado a otro del continente en cuestión de segundos. Ya no era necesario que los hombres recorrieran 2,000 millas a caballo para entregar las cartas. Pero los estadounidenses nunca olvidarán el servicio que estos hombres prestaron al país.

Cómo funciona el telégrafo

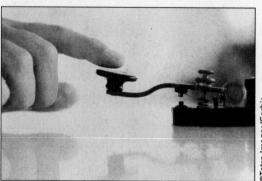

©Tetra Images/Corbis

Un operador de telégrafo envía un mensaje usando el código Morse, un sistema de rayas y puntos. Este mensaje es enviado en forma de señal electrónica a través de un cable. En el otro extremo, alguien recibe el mensaje y lo descodifica.

Responde las preguntas sobre la selección.

1. ¿Cómo sabes que este es un texto expositivo?

_____

2. ¿Qué elementos del texto incluye?

_____

3. ¿Cómo te ayuda la información adicional a entender el texto?

_____

_____

_____

Nombre _____

Lee cada una de las siguientes oraciones. Subraya el sufijo de la palabra en negrilla y escribe la definición de la palabra sobre la línea.

1. *John* Fitch construyó el primer barco de vapor **exitoso**.

_____

_____

2. *El* Mississippi no era profundo. Sin embargo, esta tarea era **realizable**.

_____

_____

3. *En* el libro de Twain, el viaje en barco de vapor parece **agradable**.

_____

_____

4. *El* capitán debía conducir muy **cuidadosamente** en las noches sin luna, ya que era difícil ver el camino.

_____

_____

5. *Los* trenes eran mucho más veloces y se convirtieron la forma más **recomendable** de viajar.

_____

_____

Nombre _____

A. Lee el borrador de ejemplo. Usa las siguientes preguntas como ayuda para plantear la voz formal e informal.

Borrador

Estudiar historia es súper importante. Puedes darte una idea de cómo era el pasado. La historia también te enseña muchas cosas. Puede mostrarte cómo se formó nuestro país o por qué en el presente hacemos las cosas de cierta forma.

---

1. ¿A quién se podría estar dirigiendo el escritor de este borrador?

2. ¿Qué palabra se puede usar para reemplazar la palabra *súper* en la primera oración?

3. ¿Qué palabra se puede usar para reemplazar la palabra *cosas* en la tercera oración?

4. ¿Cómo puedes hacer para que la redacción de la última oración suene más formal?

B. Ahora revisa el ejemplo. Agrega pistas para mostrar el uso que hace el autor de la voz formal o informal.

_____

_____

_____

_____

Nombre _____

El estudiante que escribió el texto de abajo usó evidencias de dos fuentes distintas para seguir la pregunta: *En tu opinión, ¿hicieron un buen trabajo los autores al describir la emigración?*

Pienso que ambos autores hicieron un buen trabajo al describir la emigración en los Estados Unidos en el siglo XIX. El autor de "Viajar en tren de costa a costa" explica claramente lo complicado que era atravesar el país en carretas. El diario del pionero en "Descubre el pasado" muestra la experiencia real de una persona al trasladarse al oeste en una caravana. "Viajar en tren de costa a costa" también incluye las razones por las que los trenes cambiaron la emigración. Los trenes eran una forma sencilla y segura de trasladar personas y eran más rápidos que las caravanas. Se construyeron más pueblos y negocios a medida que se avanzaba hacia el oeste, lo que cambió todo el país. Estos detalles me ayudaron a comprender la emigración.

Vuelve a leer el texto. Sigue las instrucciones.

1. **Encierra en un cuadro** una oración que presenta una opinión.

2. **Subraya** una oración que usa un tono formal de escritura con oraciones completas y una gramática correcta.

3. **Encierra en un círculo** un dato que respalda la opinión del autor.

4. **Escribe la oración con un sujeto y dos verbos.**

_____

_____

Nombre _____

| abundantemente | barranco | cultivar | curiosear |
| pulpa | saborear | saludable | variedad |

Completa cada oración con la palabra de vocabulario propuesta.

1. (abundantemente) Cada primavera, _____

_____ .

2. (saborear) Cuando mi mamá me sirve la comida, _____

_____ .

3. (barranco) El camión subía la colina empinada, y _____

_____ .

4. (pulpa) La sandía tiene _____ .

5. (variedad) Mi hermano come el mismo cereal todas las mañanas,

_____ .

6. (saludable) Para una colación, _____

_____ .

7. (cultivar) Durante sus viajes, mi abuelo, _____

_____ .

8. (curiosear) Cuando voy a la librería _____

_____ .

Nombre _____

Lee el texto. Completa el organizador gráfico de punto de vista.

Detalles

↓

Punto de vista

Nombre _____

Lee el texto. Usa la estrategia de hacer y responder preguntas para encontrar los detalles y responder las preguntas.

Terremoto

	La ciudad parecía brumosa. Hacía varios días que la gente notaba
11	un ambiente extraño. Los animales estaban inquietos, ruidosos y se
21	escuchaban sonidos bajo la tierra. Pero todos estaban acostumbrados.
30	Los niños de la casa grande también estaban algo inquietos y la
42	cocinera los mandó a jugar al patio trasero. Se subieron a un árbol y,
56	sentados en sus ramas frondosas, contemplaron la ciudad.
64	—Mira —dijo José—, el día parece tormentoso, pero no hay nubes.
76	—Así es —respondió su hermano—, hay mucho polvo en el aire.
88	Algunos creen que puede temblar.
93	Ellos repetían lo que habían oído en la plaza y en las casas. La gente
108	estaba intranquila, pero no sentían verdadero temor.
115	—Niños, a comer —llamó la madre—. Si terminan todo, les servirán
127	una generosa porción de pastel.
132	—¡El pastel de Dolores! —gritaron los niños. Y corrieron a lavarse
143	las manos.
145	Cuando terminaron, les ordenaron que se prepararan para dormir.
154	Poco a poco cesaron todos los ruidos. La gente se fue a descansar y la
169	ciudad quedó en calma.
173	A las pocas horas se escuchó un ruido horroroso. Parecía que una
185	manada de bueyes en estampida se movía bajo la tierra. Todo el
197	mundo saltó de sus camas. No se veía nada.
206	—¡Padre, madre! —llamaron los niños—. ¿Escucharon ese ruido?
215	—¡Tranquilos, tranquilos! Tal vez sea solo un temblor —contestaron
224	los padres, acudiendo al lado de sus hijos.

Nombre _____

Enseguida comenzó a moverse todo de una forma espantosa. Casi no podían tenerse en pie. Aterrados, sorprendidos y confundidos, solo intentaban conservar el equilibrio y esquivar las cosas que caían.

Cuando cesó el movimiento, rápidamente salieron y se dirigieron a la plaza Mayor, un lugar abierto y menos peligroso. La visión de la ciudad a la luz de la luna era aterradora. Solo se veían escombros y se escuchaban los gritos de la gente. A la plaza fueron llegando cientos de personas fatigadas y atemorizadas. Pero todos se sentían reconfortados por la presencia de los demás.

Con las primeras luces del día 29 de octubre de 1746, la visión fue estremecedora. Casi no quedaba nada de la hermosa ciudad de Lima. Apenas estaban en pie unas pocas construcciones. El resto estaba destrozado. No había agua ni comida. Las acequias y fuentes habían reventado y los huertos estaban destruidos. Pero los limeños no perdieron tiempo en lamentos. Rápidamente comenzaron a organizarse para ayudar a las personas que habían quedado atrapadas. Y también para conseguir alimentos y bebida.

—Madre, nosotros también queremos ayudar —dijeron los niños, a pesar del temor que sentían.

—Muy bien, hijos. Necesitaremos mucha colaboración —respondió la madre—. Podrán realizar algunas tareas apropiadas para su edad. Han sido muy valientes.

Y con la solidaridad y la generosidad de todos, Lima comenzó a levantarse desde esa primera hora.

Nombre _____

A. Vuelve a leer el texto y responde las preguntas.

1. ¿Qué piensa el narrador sobre lo que sucede en la ciudad? ¿Cómo lo sabes?

_____

_____

2. ¿Qué piensa el narrador de los sucesos durante el terremoto? Fíjate en las evidencias del texto para respaldar tu respuesta.

_____

_____

3. ¿Cuál es el punto de vista del narrador sobre lo que sucedió después del terremoto?

_____

_____

B. Trabaja con un compañero o compañera. Lean el texto en voz alta. Presten atención a la expresividad. Deténganse después de un minuto. Completen la tabla.

	Palabras leídas	–	Cantidad de errores	=	Puntaje: palabras correctas
Primera lectura		–		=	
Segunda lectura		–		=	

Nombre _____

Galletas deliciosas

Hoy, 24 de septiembre de 1932, mi abuela nos invitó a tomar el té en Tall House Inn, la casa de comidas de la señora Wakefield. El programa nos parecía aburrido. Teníamos que vestirnos con las mejores ropas: pantalón arriba de la rodilla, camisa, chaqueta, medias largas, botines y gorra.

—Dejen de rezongar —dijo la abuela—. Comerán unas ricas galletas.

Cuando llegamos, la señora nos atendió muy amablemente. De inmediato nos ofreció unas galletas que tenían un aspecto y un perfume delicioso. Tomamos una cada uno y ya no pudimos parar de comer. Tenían trocitos de chocolate cremoso, perfectos y absolutamente increíbles.

La señora Wakefield nos contó que dos años antes, cocinando galletas de manteca para sus huéspedes, se quedó sin chocolate de repostería y usó uno en barra. Como el chocolate no se derritió, quedaron esos trocitos enteros. A sus huéspedes les gustaron tanto, que así nacieron las galletas con chispas de chocolate. ¡Le aseguramos que había sido el mejor accidente!

Responde las preguntas sobre la selección.

1. ¿Cómo sabes que este texto es ficción histórica?

_____

2. ¿En qué época sucede la historia? ¿Cómo lo sabes?

_____

_____

3. ¿Qué otro detalle te ayuda a comprender que la historia no transcurre en la actualidad?

_____

Nombre _____

Lee cada una de las siguientes oraciones. Observa las palabras en negrillas. Separa la raíz de sus sufijos y/o prefijos y escríbelas sobre la línea. Luego, escribe la definición de la palabra en negrilla.

1. La ciudad parece **brumosa**.

_____

2. Los animales estaban **inquietos**.

_____

3. Cuando terminaron, les **ordenaron** que se prepararan para dormir.

_____

4. A las pocas horas se escuchó un ruido **horroroso**.

_____

5. **Aterrados**, sorprendidos y confundidos, solo intentaban conservar el equilibrio y esquivar las cosas que se caían.

_____

6. El resto estaba **destrozado**.

_____

Nombre _____

A. Lee el borrador de ejemplo. Lee las siguientes preguntas para pensar en cómo usar tu voz para mostrar los sentimientos.

Borrador

Los sábados por la mañana, juego al fútbol con mi amigo Diego. Vamos al campo de juego de la escuela secundaria. Diego juega al fútbol en un equipo del vecindario. Yo no juego en ningún equipo.

---

1. ¿Qué sientes cuando juegas al fútbol?

2. ¿Por qué elegiste la escuela secundaria como lugar para jugar al fútbol?

3. ¿Por qué te gusta jugar al fútbol con tu amigo Diego?

4. ¿Quisieras que algo fuera diferente en esos encuentros?

B. Ahora, revisa el ejemplo. Imagina que eres el narrador y agrega tu voz para mostrar cómo te sientes jugando al fútbol los sábados.

_____

_____

_____

_____

_____

_____

Nombre _____

La estudiante que escribió el texto de abajo usó evidencias de dos fuentes distintas para seguir la instrucción: ¿Crees que elegir tomates y chirimoyas como parte de tu alimentación es una buena decisión?

En mi opinión, son dos frutas que hay que consumir para tener una alimentación buena y variada, ya que son muy saludables.

En *La chirimoya*, leí que esta fruta es originaria de América. Por una parte, el fruto en sí mismo es muy sabroso y nutritivo. Pero, además, tanto las hojas como las semillas del chirimoyo poseen distintas propiedades muy beneficiosas. Actualmente se la cultiva también en Europa.

En "¡Comamos bien!", aprendí que debemos alimentarnos bien para tener energía. El tomate, además de sabroso y saludable, es una buena fuente de energía. A mí antes no me gustaba, pero ahora ¡me encanta! También aprendí que hay muchas otras verduras y frutas que brindan grandes beneficios a la salud.

Vuelve a leer el texto. Sigue las instrucciones.

1. Encierra en un círculo la opinión de Lizzie.

2. Encierra en un cuadro los detalles que eligió Lizzie para respaldar su opinión.

3. Subraya los sentimientos que expresa Lizzie.

4. Escribe un verbo en pretérito imperfecto del texto de Lizzie.

_____

Nombre _____

comprometer	confianza	domicilio	imprudente
inquilino	logro	pacientemente	travieso

Usa las claves de contexto de cada oración para saber qué palabra de vocabulario se ajusta mejor en el espacio en blanco.

Madeleine tenía muchos talentos, como cantar y bailar. Sin embargo, lo que más le gustaba era la actuación. Nada disfrutaba más que estar sobre el escenario frente a una audiencia y actuar. Se _____ con cada papel que le daban. Si todo iba bien, el papel más importante en la obra de la escuela sería suyo. Obtener el papel sería un gran _____. Esperó ansiosa la llegada a su _____ de la carta que le confirmara su participación.

El día de la audición, Madeleine sabía su guión de memoria. Lo había estudiado _____. Tenía mucha _____ en que obtendría el papel principal.

—Estoy muy entusiasmada —dijo su mejor amiga, Elena.

—Quiero el papel principal —dijo Madeleine. Se paró en el escenario para la audición. Por alguna razón, no podía recordar el guión. Se puso colorada, comenzó a transpirar, perdió el equilibrio y se desmayó. Su _____ cerebro le jugó una mala pasada. Se sintió avergonzada. Se disculpó con su maestra.

—No recuerdo el guión —dijo Madeleine. Rápidamente bajó del escenario.

—¿Cuál es el problema? —preguntó Elena.

—Olvidé el guión —dijo Madeleine—. Ya no estaré en la obra. Espero que nadie me haya estado mirando o prestando atención.

—Todos saben que tienes talento —dijo Elena—. No hiciste nada _____, simplemente cometiste un error. Está todo bien. Creo que seguirás estando en la obra pase lo que pase.

Madeleine entendió lo que Elena quiso decir. Comprendió que sería divertido estar en el escenario con su mejor amiga Elena, aun si no tenía el papel principal. Ya no haría el papel de la dueña del palacio, sino el de la _____ que quiere habitarlo por la temporada de invierno.

Nombre _____

Lee el texto. Completa el organizador gráfico de punto de vista.

Detalles

↓

Punto de vista

Nombre _____

Lee el texto. Recurre a la estrategia de hacer y responder preguntas para contar los detalles más importantes del texto.

Pintar recuerdos

	Pocas personas conocen Damyang (Corea del Sur), pero creo que es
11	imposible hallar un lugar más hermoso. Es conocido por sus bosques
22	de bambú. Cuando era más joven, pasaba mucho tiempo en los
33	bosques pintando cuadros del bambú. Pintar es uno de mis talentos.
44	Viví en Damyang hasta el año pasado, cuando mi familia se mudó
57	a Nueva York. Mi madre es científica y le pidieron que trabajara allí.
69	—No hay bosques de bambú en Nueva York —dije—. No hay nada
81	para pintar en Nueva York.
87	—Bae —dijo mi mamá—. Son tonterías. Encontrarás muchas cosas
96	para ver y pintar aquí. Ya verás.
104	Me sentía inseguro.
107	—Pero extrañaré mi hogar —dije.
112	—Pues debes llevar los cuadros de tus lugares favoritos —dijo
122	ella—. Te harán sentir en casa aun estando en Nueva York.
134	Entonces, cuando nos mudamos, me llevé mis pinturas de los
144	bosques de bambú.
147	Nueva York no fue fácil al principio, porque no conocía a nadie
160	y solo hablaba un inglés imperfecto. Sin embargo, no sentía
170	nostalgia cuando miraba los cuadros de mi hogar. Muy pronto me
182	hice amigos en la escuela. Al igual que yo, eran artistas, y ahora
196	pintamos en un grupo después de la escuela.
201	El mes pasado alguien se mudó al apartamento que está al lado.
213	—Ven Bae —dijo mi mamá. Vayamos a darle la bienvenida a
224	nuestra vecina. Cruzamos el vestíbulo y golpeamos a la puerta. Una
235	anciana que se veía amable pero infeliz nos respondió.

— Somos sus nuevos vecinos —dijo mi mamá—. Soy Hana y él es mi hijo Bae.

La mujer sonrió.

—Me llamo Varvara. Por favor, entren.

Supimos que Varvara se había mudado desde Vyborg, Rusia, para estar más cerca de su hermana. Pero igual estaba triste por haber dejado su hogar.

Nueva York no fue fácil al principio. Mis pinturas me ayudaron a sentirme mejor.

—Tengo tanta nostalgia que me resulta insoportable —dijo Varvara. Se rió, pero realmente se la veía triste y desanimada. Varvara nos contó mucho sobre Vyborg. Pude imaginarme su hogar en mi mente.

Cuando llegué a casa al día siguiente después de la escuela, una ambulancia se estaba yendo de nuestro edificio, y le pregunté a mi mamá qué pasaba.

—Es Varvara. Extraña tanto su hogar que se enfermó. Espero que pueda acostumbrarse a vivir aquí. Intenta no preocuparte.

Tenía que hacer algo por Varvara. Había estado en su situación antes. Había extrañado tanto mi hogar que había sentido que me lastimaba. Pero al menos tenía las pinturas que había pintado de mi hogar. Ella ni siquiera tenía eso. A menos que...

Unos días después escuché a Varvara en las escaleras. Abrí la puerta para verla. Se veía mejor, pero todavía estaba triste. Cuando llegó a su puerta suspiró. Apoyado contra la puerta estaba mi regalo: una pintura de Vyborg. Se la había pintado a partir de las imágenes de sus recuerdos.

Cerré la puerta cuando comenzó a llorar. En un principio me preocupé porque quizás no le había gustado la pintura. Pero después me dijo que aquellas eran lágrimas de alegría. Supe exactamente cómo se sintió.

Nombre _____

A. Vuelve a leer el texto y responde las preguntas.

1. Relee el tercer párrafo. ¿Cuál es el punto de vista de Bae sobre mudarse a Nueva York?

   _____

   _____

2. Relee el octavo párrafo. ¿Cómo cambiaron los sentimientos de Bae sobre mudarse a Nueva York?

   _____

   _____

3. Da un detalle del texto que te ayude a comprender por qué Bae quiere ayudar a Varvara.

   _____

   _____

   _____

B. Trabaja con un compañero o compañera. Lean el texto en voz alta. Presten atención al fraseo. Deténganse después de un minuto. Completen la tabla.

	Palabras leídas	–	Cantidad de errores	=	Puntaje: palabras correctas
Primera lectura		–		=	
Segunda lectura		–		=	

Clase junto al estanque

La clase de Fumiko estaba por participar en un concurso sobre el ciclo de vida de las ranas. Algunos niños estaban preocupados. Fumiko sabía mucho sobre ranas porque siempre las miraba en el estanque de la escuela. Entonces se le ocurrió una idea.

—¿Podemos tener nuestra clase junto al estanque mañana? —preguntó Fumiko señalando por la ventana.

—¿Por qué lo preguntas? —contestó la señorita McNally.

—Los huevos de las ranas están comenzando a romper. Quizás ir al estanque y estudiar a los renacuajos nos ayude a aprender más sobre ellas —dijo Fumiko.

Responde las preguntas sobre la selección.

1. **¿Cómo sabes que este texto es ficción realista?**

_____

2. **¿Por qué crees que el autor recurre al diálogo?**

_____

_____

3. **¿Qué característica del texto se incluye? ¿Cómo ayuda a mostrar que el texto es ficción realista?**

_____

Nombre _____

Agrega el prefijo *in-*, *im-* o *des-* a las palabras del siguiente cuadro. Luego completa las oraciones con las palabras nuevas.

_____ feliz   _____ seguro   _____ posible

_____ soportable   _____ animada   _____ perfecto

1. Sin mi abrigo puesto, siento que el clima tan frío es _____.

2. Estaba _____ sobre cómo responder, porque no había estudiado mucho.

3. Estoy _____ porque no puedo resolver el acertijo.

4. Algunas personas dijeron que entrenar a un elefante era _____, pero ella afirmó que podría hacerlo.

5. Estábamos _____ por tener que dejar la playa donde estábamos pasando unos hermosos momentos.

6. El hermoso diamante tenía una pequeña raja que lo hacía ver _____.

Nombre _____

A. Lee el borrador de ejemplo. Lee las siguientes preguntas para pensar de qué manera el diálogo puede ayudar a crear los personajes.

Borrador

Mi hermanito Enrique estaba disgustado. Estaba estudiando para una evaluación de matemáticas, pero tenía problemas con las restas. Me preguntó si podía ayudarlo.

---

1. ¿Cómo supiste que tu hermano estaba disgustado? ¿Dijo algo?

2. ¿Cuál era el sentimiento de tu hermano cuando explicó su problema?

3. ¿Cómo responderías si tu hermano te pidiera un favor? ¿Qué dirías?

4. ¿De qué manera puede el diálogo mejorar la comprensión de lo que sucede en la historia?

B. Ahora revisa el ejemplo. Agrega un diálogo para mostrar los pensamientos, sentimientos y acciones de los personajes de la historia.

_____

_____

_____

_____

Nombre _____

La estudiante que escribió el texto de abajo usó evidencias de dos fuentes distintas para seguir la instrucción: ¿En tu opinión, Jacinta y Manuela usaron sus talentos para ayudar a los demás?

En mi opinión, las dos niñas usaron muy bien sus talentos para ayudar a los demás.

En *¿Flor o caracol?*, leí que los caracoles se comían las flores de Jacinta. Pero Jacinta, ayudada por Tina, encontró un lugar tranquilo en la casa, donde los caracoles podían estar cómodos. Había una higuera, unos helechos, un paredón húmedo y con muchos huecos donde casi no daba el sol. Allí podían trepar, caminar, dormir y bañarse a gusto. El lugar era ideal y firmaron un trato. ¡Y se acabó el problema de las flores y los caracoles!

En "Una niña muy especial", leí que Manuela era una niña tímida pero muy imaginativa, a la que le gustaba inventar historias. Pero no veía bien. El oculista le recetó anteojos y ella, temerosa de que los otros niños se burlaran, no quiso salir a jugar por un tiempo. Un día fue al parque, empezó a crear una historia y terminó contándosela a los otros niños que la escucharon encantados.

Vuelve a leer el texto. Sigue las instrucciones.

1. **Encierra en un círculo** una oración donde la narradora da su opinión.

2. **Encierra en un cuadro** la descripción del personaje de Manuela.

3. **Subraya** una palabra de enlace que haya usado la narradora para conectar las ideas.

4. **Escribe** un ejemplo de pretérito del verbo irregular ir del texto de Jamie.

_____

Nombre _____

alertar	ambiente	arbusto	competir
excelente	preferir	proteger	relacionado

Completa cada oración usando la palabra de vocabulario provista.

1. **(ambiente)** Un desierto _____

_____ .

2. **(preferir)** Cuando llega la hora de leer libros, _____

_____ .

3. **(competir)** Son los dos mejores jugadores de fútbol, _____

_____ .

4. **(excelente)** Vivió cerca de la playa toda su vida, _____

_____ .

5. **(relacionado)** Mis primos y yo _____

_____ .

6. **(proteger)** La tortuga tiene un caparazón duro _____

_____ .

7. **(alerta)** La ciudad tiene una sirena _____

_____ .

8. **(arbusto)** El perro _____

_____ .

Nombre _____

Lee el texto. Completa el organizador gráfico de comparar y contrastar.

Nombre _____

Lee el texto. Usa la estrategia de volver a leer para estar seguro de que comprendes lo que lees.

Adaptaciones: osos pardos y polares

Todos los animales están sujetos a adaptaciones. Es el modo en
11 que funciona un cuerpo o la forma que tiene. No todas las aves
24 comen lo mismo. Sus picos tienen diferentes formas. Algunos
33 peces que viven en el fondo del océano brillan en la oscuridad.
45 Los mamíferos viven en todo el mundo, de manera que necesitan
56 tener diferentes habilidades, y las formas de sus cuerpos son
66 distintas. Las jirafas tienen lenguas largas. Las usan para
75 arrancar las hojas de las copas de los árboles. Las liebres tienen
87 patas anchas para correr por la arena.

94 Todo esto ayuda a los animales a ser lo más eficaces que
106 puedan. Esto significa que puedan hacer lo mejor posible para
116 encontrar comida y alimentar a sus cachorros. Las adaptaciones
125 son muy importantes para mantener a los animales vivos y para
136 que así puedan reproducirse, es decir, tener crías.

144 **Similitudes**

145 Los mamíferos se han adaptado a vivir en diferentes partes del
156 mundo. Los osos viven en todas partes. Los osos pardos viven
167 en América del Norte. Los osos polares viven en el polo norte. Se
180 parecen de muchas maneras. Son animales muy grandes. Pueden
189 pesar más de 1,500 libras. Ambos tipos de osos tienen pies
200 con garras no retráctiles. Esto significa que los osos no pueden
211 esconder sus garras. Pueden pararse sobre sus patas traseras.
220 ¡Hasta pueden incorporarse, como si estuvieran sentados en una
229 silla! Y todos los osos tienen orejas redondeadas.

Nombre _____

Diferencias

Los osos pardos y los osos polares se han adaptado a las condiciones de los diferentes lugares en donde viven. El pelaje del oso polar es blanco. Pueden confundirse con el hielo y la nieve del polo norte. Pueden acercarse sigilosamente a su presa sin ser vistos. También tienen una capa de sebo, o manteca, de más de cuatro pulgadas de espesor. Esto los ayuda a mantenerse calientes aunque la temperatura del aire llegue a los menos 80 °F. Tienen pelo en la planta de sus pies. Esto los protege del hielo y de la nieve.

Un oso pardo y un oso polar en relación con una persona.

Los osos pardos no viven en el hielo y la nieve. Su piel es de color marrón. Esto los ayuda a mezclarse con los árboles y las rocas de su hábitat, o el lugar donde viven. Sus garras son más largas que las del oso polar. Los osos polares solo comen carne. Los osos pardos son omnívoros. Son tan felices comiendo pescado como comiendo bayas. Usan sus garras para atrapar peces. También las usan para cavar en la tierra en busca de raíces o insectos. Estos osos también tienen una gran joroba de músculo sobre sus hombros. Esto hace que sus patas delanteras sean muy fuertes. También los ayudan a correr rápidamente cuando quieren cazar sus presas.

Los osos son solo un ejemplo de animal que sufrió adaptaciones. Como puedes ver, el lugar en el que viven afecta mucho cómo son. Las adaptaciones son muy importantes para los osos, y para los demás tipos de animales. Las adaptaciones son aquello que hace que cada tipo de oso sea único.

Nombre _____

A. Vuelve a leer el texto y responde las preguntas.

1. **En el tercer párrafo, ¿de qué manera compara el autor los dos tipos de osos?**

_____

_____

2. **En el quinto párrafo, ¿de qué manera contrasta el autor lo que comen los dos tipos de osos?**

_____

_____

3. **¿Cuáles son algunas palabras del texto que le sirven al autor para comparar y contrastar?**

_____

_____

_____

B. Trabaja con un compañero o compañera. Lean el texto en voz alta. Presten atención a la entonación. Deténganse después de un minuto. Completen la tabla.

	Palabras leídas	–	Cantidad de errores	=	Puntaje: palabras correctas
Primera lectura		–		=	
Segunda lectura		–		=	

Nombre _____

Las migraciones de las mariposas monarca

Las mariposas monarca viven en todo Estados Unidos. Migran hacia el sur cada otoño, en busca de climas más cálidos. Algunas vuelan desde Canadá hasta México. Los científicos no saben bien cómo se adaptaron estas mariposas para poder viajar tanta distancia. Pero descubrieron que tienen una pequeña cantidad de metal magnético en sus alas. Los científicos creen que este metal les permite a las mariposas monarca percibir los campos magnéticos que rodean la Tierra. Esto ayuda a las mariposas monarca a saber hacia dónde está el sur.

Las mariposas monarca del oeste de las montañas Rocosas vuelan hacia el sur de California. Las del este de las montañas Rocosas vuelan hacia el sur de México.

Responde las preguntas sobre la selección.

1. ¿Cómo sabes que este es un texto expositivo?

_____

2. ¿De qué manera las características del texto ayudan al lector a comprender el texto?

_____

3. ¿Por qué migran las mariposas monarca?

_____

Nombre _____

Lee cada uno de los siguientes textos. Subraya las claves en la oración que te ayuden a descubrir el significado de cada palabra en negrilla. Sobre la línea, escribe el significado de la palabra en negrilla.

1. Todos los animales están sujetos a **adaptaciones**. Son los modos en que funciona un cuerpo o la forma que tiene.

   _____

2. Las adaptaciones son muy importantes para mantener a los animales vivos y para que puedan **reproducirse**, es decir, tener crías.

   _____

3. Ambos tipos de osos tienen pies con garras que **no son retráctiles**. Esto significa que los osos no pueden esconder sus garras.

   _____

4. También pueden tener una capa de **sebo**, o manteca, de más de cuatro pulgadas de espesor.

   _____

5. Esto los ayuda a mezclarse con los árboles y las rocas de su **hábitat**, que es el lugar donde viven.

   _____

6. Los osos pardos son **omnívoros**. Son tan felices comiendo pescado como comiendo bayas.

   _____

Nombre _____

A. Lee el borrador de ejemplo. Usa las siguientes preguntas como ayuda para pensar en cómo puedes atrapar la atención del lector con un comienzo interesante.

Borrador

La ardilla voladora es un tipo especial de ardilla. Las ardillas voladoras se mueven de árbol en árbol por el aire. El vuelo de una ardilla llegó a alcanzar las 100 yardas.

---

1. ¿Cómo podrías reemplazar la primera oración con una pregunta interesante que atrape la atención del lector?

2. ¿Cómo se desplazan por el aire las ardillas voladoras?

3. ¿Qué otra cosa mide 100 yardas?

B. Ahora revisa el ejemplo. Agrega preguntas interesantes y datos fascinantes para hacer que el lector quiera leer más.

_____

_____

_____

_____

_____

Nombre _____

El estudiante que escribió el texto de abajo usó evidencias de dos fuentes distintas para seguir la pregunta: *¿Cómo afecta el ambiente la forma en la que vive un animal?*

¿Cómo afecta el ambiente la forma en la que vive un animal? De muchas maneras. El suelo del ambiente en el que vive controla dónde puede construir su hogar o madriguera. Por ejemplo: una tortuga del desierto cava una madriguera en el suelo arenoso del desierto en donde vive. La temperatura del ambiente también puede afectar si sale de su refugio o si se oculta. Si el sol es muy fuerte, un animal del desierto no saldrá de su guarida. Además, la temperatura puede afectar su color. Las iguanas del desierto se tornan de un color más claro si hay sol. Esto baja su temperatura. La cantidad de agua en el ambiente también puede afectar cómo vive un animal. Algunos animales caminan grandes distancias para hallar agua.

En "El pollito a medias", el agua, fuego y viento son personajes. El viento lleva al pollito a la cima de un edificio para protegerlo. Ambos textos muestran que el ambiente afectará la vida de un animal.

Vuelve a leer el texto. Sigue las instrucciones.

1. **Encierra en un círculo** el fuerte encabezado que usa el estudiante para captar la atención del lector.

2. **Subraya** un ejemplo de un detalle relevante que ayuda a respaldar el tema.

3. **Encierra en un círculo** conectores que unen oraciones o ideas.

4. **Escribe el verbo en futuro en la última oración.**

Nombre _____

> controlar   despegue   ingenio   movimiento
>
> pasajero   popular   probable   vuelo

**Usa una palabra del cuadro para responder cada pregunta.
Luego escribe la palabra en una oración.**

1. ¿Qué palabra podría describir algo que todos prefieren? _____

   _____

2. ¿Cómo se llama a la persona que viaja en automóvil? _____

   _____

3. ¿Qué acción causa que algo cambie de lugar o posición? _____

   _____

4. ¿Cómo es un hecho cuando hay razones para creer que sucederá?

   _____

5. ¿Qué hace un piloto cuando vuela un avión? _____

   _____

6. ¿Qué se usa cuando se inventa algo especial? _____

   _____

7. ¿Cuál es otra palabra para *acción de remontar el vuelo*? _____

   _____

8. ¿Qué palabra describe el *movimiento de un pájaro por el aire*? _____

   _____

Nombre _____

Lee el texto. Completa el organizador gráfico de causa y efecto.

Causa	Efecto
Primero ➡	
Después ➡	
Luego ➡	
Al final ➡	

Nombre _____

Lee el texto. Recurre a la estrategia de volver a leer para estar seguro de que comprendes lo que lees.

La historia del vuelo humano

Querer volar como los pájaros

5	Los humanos siempre quisieron volar. Pero les llevó mucho tiempo
15	aprender cómo hacerlo. En un principio, intentaron imitar a los
25	pájaros. Hicieron alas de madera. Colocaron las alas sobre sus brazos e
37	intentaron volar. Pero los pájaros y los humanos no tienen los mismos
49	músculos. Entonces las alas no funcionaron.
55	El primer gran paso hacia el vuelo humano fue la cometa. La cometa
68	se fabricó por primera vez en China en el año 400 a. C. Algunos usaron
83	las cometas para divertirse. Otros las usaron para observar el clima.
94	Algunas personas quisieron hacer objetos voladores que pudieran
102	transportar personas. Entonces inventaron globos y planeadores.

Globos de aire caliente

109	
113	El primer globo de aire caliente fue una bolsa de seda. La bolsa se
127	llenó con humo de fuego. El aire caliente hacía que el globo fuera más
141	liviano que el aire a su alrededor. Debido a esto, la bolsa se elevaba en
156	el cielo. Las personas colocaron una canasta junto a la bolsa. Pronto,
169	los humanos comenzaron a viajar en globos de aire caliente.

Planeadores

178	
179	El siguiente gran paso en el vuelo humano fue el planeador.
191	Un planeador no flota como un globo. Cae a la tierra. Pero cae tan
204	lentamente que permanece en el aire durante un largo tiempo. Los
215	planeadores son más fáciles de controlar que los globos. Con los
226	planeadores, la gente podía volar donde quería.

Varios inventores ayudaron a mejorar el planeador. George Cayley construyó un ala con una forma nueva. También quiso que el planeador fuera más estable. Esa es la razón por la que le agregó una cola. Otto Lilienthal fabricó un planeador que pudo volar más lejos. Sam Langley se concentró en las maneras de accionar el vuelo. Colocó un motor en el planeador.

Volar de verdad

Los globos y los planeadores hicieron posible que la gente volara. Pero no permitían que se viajara muy lejos. Octave Chanute estudió todos los manuales que pudo hallar sobre el vuelo humano. Escribió todo en

La primera "máquina voladora" de los hermanos Wright.

un libro. Dos hermanos de Ohio leyeron el libro. Sus nombres eran Wilbur y Orville Wright. El libro de Octave los convenció de que podían hacer una máquina voladora.

Los hermanos Wright eran grandes pensadores. Primero hicieron pruebas con globos y cometas. Luego estudiaron el viento. Fabricaron un planeador que funcionaba en forma satisfactoria con todo tipo de vientos. Luego trabajaron en un motor. Tenía que ser fuerte. Después de cinco años de estudio, usaron todo su conocimiento para hacer una "máquina voladora". A las 10:35 a.m. del 17 de diciembre de 1903, los hermanos Wright pusieron a prueba su nueva "máquina voladora". ¡Funcionó! Orville Wright voló 120 pies en doce segundos. ¡Los humanos finalmente habían aprendido a volar!

Nombre _____

A. Vuelve a leer el texto y responde las preguntas.

1. ¿Por qué no funcionaron las alas de madera para volar?

   _____

   _____

2. De acuerdo con el segundo párrafo, ¿por qué las personas hicieron globos y planeadores?

   _____

3. De acuerdo con la sección "Globos de aire caliente", ¿qué causó que las bolsas de seda se elevaran en el cielo?

   _____

4. ¿Cuál fue el efecto que tuvo el libro del Octave Chanute sobre los hermanos Wright?

   _____

B. Trabaja con un compañero o compañera. Lean el texto en voz alta. Presten atención a la precisión y al fraseo. Deténganse después de un minuto. Completen la tabla.

	Palabras leídas	–	Cantidad de errores	=	Puntaje: palabras correctas
Primera lectura		–		=	
Segunda lectura		–		=	

Nombre _____

Cómo se desplazan los cohetes

Un cohete está lleno de combustible. Cuando el combustible se quema, el gas sale por la parte trasera del cohete. Este gas se mueve a una velocidad muy alta. Tiene muchísima fuerza. El cohete entonces se mueve hacia adelante debido a una ley básica de la naturaleza. Esta ley dice que cada acción tiene una reacción igual y opuesta. Esto significa que la fuerza del gas que se mueve tiene una reacción opuesta. Cuando el gas deja la parte trasera del cohete, empuja al cohete en dirección opuesta. Esto hace que el cohete se mueva hacia adelante a una velocidad muy elevada.

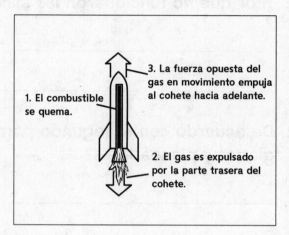

1. El combustible se quema.

2. El gas es expulsado por la parte trasera del cohete.

3. La fuerza opuesta del gas en movimiento empuja al cohete hacia adelante.

Responde las preguntas sobre la selección.

1. **¿Qué tema presenta este texto expositivo?**

   _____

   _____

2. **¿Qué características del texto contiene este texto?**

   _____

   _____

3. **¿Cómo te ayuda la característica del texto a comprender el texto?**

   _____

   _____

Nombre _____

Lee las oraciones. Recurre a otras palabras del texto para entender el significado de cada palabra en negrilla. Luego escribe sobre la línea el significado correcto.

1. La **cometa** se fabricó por primera vez en China en el año 400 a. C. Algunos usaron las cometas para divertirse.

   cometa: _____

2. El primer globo de aire caliente fue una **bolsa** de seda. La bolsa se llenó con humo.

   bolsa: _____

3. El siguiente gran **paso** en el vuelo humano fue el planeador.

   paso: _____

4. George Cayley construyó un ala con una forma nueva. También quiso que el planeador fuera más estable. Esa es la razón por la que le agregó una **cola**.

   cola: _____

5. Los hermanos Wright eran grandes pensadores. Primero hicieron **pruebas** con globos y cometas. Luego, estudiaron el viento.

   pruebas: _____

6. ¡Funcionó! Orville Wright voló 120 **pies** en doce segundos. ¡Los seres humanos finalmente habían aprendido a volar!

   pies: _____

Nombre _____

A. Lee el borrador de ejemplo. Usa las siguientes preguntas como ayuda para pensar cómo puedes conseguir un buen final.

Borrador

Me gustan los helicópteros. Pueden volar en cualquier dirección. Pueden ir rápido o lento y aterrizar casi en cualquier lado. Se pueden usar para rescatar gente, para ayudar a apagar incendios forestales o evitar delitos.

---

1. ¿Cuál es la idea principal? ¿Son los helicópteros la máquina de volar favorita del escritor?

2. ¿En qué direcciones puede volar un helicóptero?

3. ¿A qué tipos de pájaros se parecen los helicópteros?

4. ¿Qué conclusión se podría agregar para reforzar la idea principal?

B. Ahora revisa el ejemplo. Agrega un buen final para replantear la idea principal.

_____

_____

_____

_____

Nombre _____

El estudiante que escribió el texto de abajo usó evidencias de dos fuentes distintas para seguir la pregunta: *¿En qué se parecen y se diferencian un caballo volador y un globo aerostático?*

Un caballo volador y un globo aerostático tienen cosas en común pero también tienen muchas diferencias. Se parecen porque trasladan personas en el aire. Sin embargo, un globo aerostático lleva personas en una canasta debajo del globo y un caballo volador lleva un jinete en el lomo. Ambos pueden subir alto en el cielo. Pueden brindarles a sus pasajeros una gran vista de los paisajes más abajo. Esa y otras razones hacen que los globos aerostáticos y los caballos voladores sean parecidos.

Los globos aerostáticos y los caballos voladores también tienen muchas diferencias. Uno es un ser viviente y el otro es un vehículo creado por el hombre. Los globos están llenos de aire caliente pero los caballos voladores como Pegaso se mueven por la avena que comen. Pero la mayor diferencia es que los caballos voladores no son reales. Son solo parte de mitos y cuentos de hadas. Los globos aerostáticos son reales. Despegan y aterrizan todos los días. Así que, aunque tienen algunas cosas en común, son en realidad muy diferentes.

Vuelve a leer el texto. Sigue las instrucciones.

1. **Encierra en un cuadro** la oración que presenta el tema.

2. **Subraya** un ejemplo de un detalle que ayuda a respaldar el tema.

3. **Encierra en un círculo** una conclusión fuerte que resume un párrafo.

4. Escribe una oración compleja del texto.

_____

Nombre _____

| reposo | sencillo | sentir | sereno |

Fíjate en las claves de contexto de cada oración para saber qué palabra de vocabulario es la adecuada en cada espacio en blanco.

La tía de Helga, Berta, la invitó a hacer senderismo. La tía Berta siempre hacía senderismo en el cañón cercano a su casa. Hasta tomaba fotografías mientras recorría los senderos. Helga siempre disfrutaba de los árboles, las flores, los pájaros, en fin, de ese lugar tan _____ y pacífico. Helga estaba muy entusiasmada con la idea de ir de excursión al cañón. La última vez que algo la había hecho _____ el espíritu aventurero había sido una caminata por el campo que estaba detrás de su casa. Pero ese paseo no era tan audaz y excitante como ir de excursión a un cañón. Helga recordó una de sus historias favoritas sobre un valiente explorador que había tenido la valentía suficiente para escalar el monte Everest. El cañón no era exactamente el monte Everest, pero era un comienzo tranquilo y _____ para aprender a escalar.

Alguien llamó a la puerta. Helga corrió a ver quién era. Era su tía.

—¿Estás lista para nuestra aventura, Helga? —preguntó la tía Berta.

—Más de lo que te imaginas —respondió Helga—. ¡Tomo mi mochila y allá vamos!

—Tu mochila está sobre el sofá —dijo la mamá de Helga —. El calor será muy intenso hoy. Puse dos botellas de agua fresca y algunas manzanas para cuando necesiten un momento de _____ para disfrutar del paisaje.

—¡Gracias, mami! —dijo Helga. Luego corrió para alcanzar a la tía Berta e iniciar la aventura del senderismo.

Nombre _____

Lee el texto. Completa el organizador gráfico de tema.

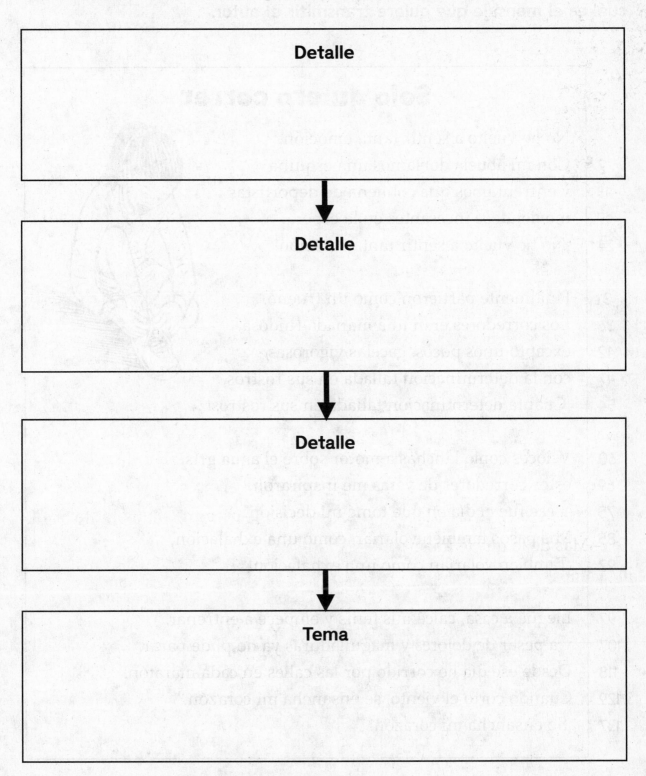

Detalle

Detalle

Detalle

Tema

Nombre _____

Lee el poema. Comprueba que lo comprendes preguntándote cuál es el mensaje que quiere transmitir el autor.

Solo quiero correr

	No he vuelto a sentir tanta emoción.
7	Con mi abuela doblamos una esquina
13	y enfrentamos una colmena de deportistas
19	moviéndose incesantes en la espera.
24	¡No he vuelto a sentir tanta emoción!
31	Finalmente partieron como un trueno.
36	Los corredores eran una manada ruidosa,
42	excepto unos pocos, gacelas vigorosas,
47	con la determinación tallada en sus rostros.
54	¡Cuánta determinación tallada en sus rostros!
60	Veloces como lanchas a motor sobre el agua gris,
69	estos corredores de veras me inspiraron.
75	Y ese fue el día en que tomé mi decisión.
85	Mis pasos también volarían como una exhalación.
92	¡También volarían como una exhalación!
97	Llegué a casa, calcé mis tenis y empecé a entrenar,
107	y a pesar de dolores y magulladuras ya no pude parar.
118	Desde ese día he corrido por las calles en cada maratón.
129	Cuando corto el viento, se ensancha mi corazón.
137	¡Se ensancha mi corazón!

Nombre _____

A. Vuelve a leer el poema y responde las preguntas.

1. ¿De qué trata el poema?

_____

_____

_____

2. ¿Cuál crees que es el tema de este poema?

_____

_____

_____

3. ¿Por qué crees que ese es el tema?

_____

_____

_____

B. Trabaja con un compañero o compañera. Lean el poema en voz alta. Presten atención a la expresión. Deténganse después de un minuto. Completen la tabla.

	Palabras leídas	–	Cantidad de errores	=	Puntaje: palabras correctas
Primera lectura		–		=	
Segunda lectura		–		=	

Nombre _____

Me gusta soñar

Antes de dormirme me gusta soñar
   que llego a la Luna en mi nave espacial.
     Que veo cometas y hermosas estrellas
      y en algún planeta hasta dejo huellas.
       Que voy a Saturno, el de los anillos,
        y que me encandilan su luz y su brillo.
         Antes de dormirme me gusta soñar.

Responde las preguntas sobre el poema.

1. ¿ Cómo sabes que este es un poema narrativo?

_____

_____

2. ¿Tiene rima? ¿Qué versos riman?

_____

_____

3. ¿Qué sucesos describe el narrador?

_____

_____

Nombre _____

Lee los versos del siguiente poema narrativo. Luego, responde las preguntas.

Solo quiero correr

Veloces lanchas a motor sobre el agua gris,
estos corredores de veras me inspiraron.
Y ese fue el día en que tomé mi decisión,
mis pasos también volarían como una exhalación.
¡También volarían como una exhalación!

Llegué a casa, calcé mis tenis y empecé a entrenar,
y a pesar de dolores y magulladuras ya no pude parar.
Desde ese día he corrido por las calles en cada maratón.
Cuando corto el viento, se ensancha mi corazón.
¡Se ensancha mi corazón!

---

1. Encuentra dos ejemplos de rima en el poema. Subraya las palabras que rimen.

2. Encierra en un círculo un ejemplo de repetición en el poema.

3. Escribe otra estrofa que incluya repetición y rima.

_____

_____

_____

_____

Nombre _____

Lee los siguientes fragmentos. Halla la metáfora y escríbela sobre la línea. Luego, escribe las dos cosas que se comparan.

1. y enfrentamos una colmena de deportistas
   moviéndose incesantes en la espera.

   _____

   _____

2. Los corredores eran una manada ruidosa,

   _____

   _____

3. Veloces lanchas a motor sobre el agua gris,
   estos corredores de veras me inspiraron.

   _____

   _____

Nombre _____

A. Lee el borrador de ejemplo. Lee también las siguientes preguntas para pensar en palabras expresivas que puedas agregar.

Borrador

La tía Bárbara trabaja muy, muy duro.

Habla tres idiomas, de eso estoy seguro.

Ella siempre me ayuda a levantar vuelo

y nunca permite que me quede en el suelo.

---

1. ¿Qué palabras expresivas mostrarían cómo trabaja la tía Bárbara?

2. ¿Qué idiomas habla la tía Bárbara?

3. ¿Qué detalles o verbos expresivos mostrarían cómo ayuda la tía Bárbara a que el hablante levante vuelo?

B. Ahora revisa el ejemplo. Agrega palabras expresivas para hacer que el poema sea más claro y más descriptivo.

_____

_____

_____

_____

_____

_____

Nombre _____

El estudiante que escribió el texto de abajo usó evidencias de dos fuentes distintas para seguir la instrucción: Escribe un poema con rima sobre qué inspiró a las autoras de los textos de esta semana. Usa lenguaje figurado y repetición.

A una autora la inspiró

la historia de un gato enamorado.

La gata es un pequeño sol

que mucha emoción ha despertado.

A otra autora la inspiró

el agua de un río al correr.

El agua del río cantaba

y la poeta escuchó con placer.

Vuelve a leer el texto. Sigue las instrucciones.

1. Encierra en un círculo un ejemplo de lenguaje figurado.

2. Encierra en un cuadro un ejemplo de repetición.

3. Subraya al menos dos palabras expresivas.

4. Escribe al menos dos verbos en pretérito perfecto.

Nombre _____

congelar	granero	hacendoso	huerto
labranza	pago	simiente	trueque

Usa una palabra del cuadro para responder cada pregunta.
Luego emplea esa palabra en una oración.

1. ¿Qué palabra significa *convertir un líquido en hielo*? _____

   _____

2. ¿Cuál es el sinónimo de *cultivo de los campos*? _____

   _____

3. ¿Qué palabra significa el *dinero que das por una compra*? _____

   _____

4. ¿En qué lugar se almacenan los granos? _____

   _____

5. ¿Cómo se llama el *intercambio de bienes sin usar dinero*? _____

   _____

6. ¿Qué palabra significa un *terreno donde se plantan verduras y legumbres*? _____

7. ¿Cómo se llama a una *persona que hace bien las tareas domésticas*?

   _____

   _____

8. ¿Cuál es un sinónimo de semilla? _____

   _____

Nombre _____

Lee el texto. Completa el organizador gráfico de punto de vista.

Detalles

↓

Punto de vista

Nombre _____

Lee el texto. Usa la estrategia de resumir para estar seguro de que comprendes lo que lees.

Otomo Otomo teje oro

Escena 1

2	En el fondo y los laterales del escenario, árboles frondosos.
12	Otomo Otomo, un gnomo japonés, camina por el bosque y se
23	acerca a un sitio de donde proviene el sonido inconfundible
33	de una mujer llorando. Ella es Danila, y las lágrimas no logran
45	ocultar su hermosura.
48	**Otomo:** ¿Qué te ocurre? ¿Necesitas algo?
54	**Danila:** Oh, tengo un gran problema. Debo convertir un
64	fardo de heno en hebras de oro, empleando una rueca. Debo
76	terminar un fardo por noche, durante cinco noches seguidas. Es
86	decir, cinco fardos en total. Y si no logro hacerlo, el rey me hará
100	abandonar el reino. *(Llora con más intensidad).*
105	**Otomo:** ¡Basta de llanto, porque hoy es tu día de suerte! Te has
118	encontrado con el gnomo justo: tejer paja para convertirla en oro
130	es mi especialidad. ¿Hacemos un trato?
135	**Danila:** *(ha dejado de llorar y lo mira aliviada)* ¡Por supuesto!
146	**Otomo:** ¿Sabes? Es difícil ser un gnomo japonés. Nada en el
157	mundo está diseñado para mi tamaño. Además, todos piensan
166	que soy malo, de modo que me alegra poder ayudarte, por tu bien
179	y para que la gente vea mi generosidad. Tejeré el oro que te han
193	ordenado. Todo lo que tienes que hacer tú es adivinar mi nombre.

Cada una de las cinco noches tendrás tres oportunidades. Si finalmente no puedes adivinarlo, tendrás que venir a vivir con mis hermanas y conmigo.

Danila: *(segura de sí misma)* ¡Trato hecho! *(Se dan la mano y salen).*

Escena 2

Han pasado las cinco noches. Otomo, con las hebras doradas, se detiene antes de encontrarse con Danila.

Otomo: *(pensando en voz alta, cuando Danila todavía no puede oírlo)* Es la última noche y esta muchacha no ha podido acertar mi nombre, luego de intentos entusiasmados pero errados y alocados, como Norman, Takemura o Silvestre. Estoy seguro de que ella sentiría mucha comodidad viviendo conmigo y mis hermanas en el bosque. *(Sigue caminando hasta Danila y se saludan).*

Otomo: Como ves, aquí está el oro que faltaba para completar lo que debes entregar. Entonces, una vez más, ¿cuál es mi nombre? *(Y hace un gesto de negación luego de oír los dos primeros intentos de Danila: Roy y Yoshida).* Última oportunidad.

Danila: *(con voz segura)* Otomo Otomo.

Otomo: *(con gesto de no poder creer lo que oye)* Pero... ¿Cómo has podido?

Danila: Pude escucharte anoche mientras hilabas y cantabas. Todas tus canciones incluían ese nombre.

Otomo: Bien, me iré solo a casa. Pero te pido que cuentes a la gente sobre mi ayuda. Estoy dispuesto a colaborar con quien lo necesite.

Nombre _____

A. Vuelve a leer el texto y responde las preguntas.

1. En la primera escena, ¿cuál es el punto de vista de Otomo Otomo sobre sí mismo?

_____

_____

2. ¿Cuál es el punto de vista de Otomo Otomo al final del texto?

_____

_____

_____

B. Trabaja con un compañero o compañera. Lean el texto en voz alta. Presten atención a la entonación. Deténganse después de un minuto. Completen la tabla.

	Palabras leídas	–	Cantidad de errores	=	Puntaje: palabras correctas
Primera lectura		–		=	
Segunda lectura		–		=	

Nombre _____

Las manzanas del anciano

Escenario: Un huerto de manzanas
Personajes: El anciano - El dragón

El anciano (*mirando las manzanas maduras en el árbol*): Las manzanas no se irán a ninguna parte. Voy a tomar una cada vez que tenga hambre. (*El anciano se va*).

El dragón (*se acerca al árbol y come algunas manzanas*): ¡Qué deliciosas están estas manzanas! ¡Me las comeré todas antes de que regrese el anciano!

El anciano (*mirando al dragón desde lejos*): Si ese dragón se come todas mis manzanas, ¿qué comeré yo? ¡He trabajado mucho para tener estas manzanas!

El dragón (*bostezando*): ¡Tengo mucho sueño! (*El dragón se duerme*).

El anciano (*recoge apurado todas las manzanas*): Acabo de aprender que debo tomar ya mismo estas manzanas que cultivé con tanto esfuerzo... ¡De lo contrario, otros se las comerán!

Responde las preguntas sobre la selección.

1. ¿Cómo sabes que este texto es una obra de teatro?

_____

_____

2. ¿Qué problema tiene el anciano?

_____

_____

3. ¿Qué aprendió el anciano en esta obra?

_____

Nombre _____

Lee cada una de las oraciones. Escribe la raíz de palabra subrayada. Luego escribe el significado de esa palabra.

1. De pronto oímos el sonido <u>inconfundible</u> de los truenos.

   _____

2. Mis <u>hermanas</u> pidieron un helado de chocolate y yo, uno de frutas.

   _____

3. Este artista puede hacer muchas cosas pero su <u>especialidad</u> es el canto.

   _____

4. Estábamos muy <u>entusiasmados</u> cuando mis padres nos dijeron que adoptaríamos un cachorro.

   _____

5. Pensé que mis zapatos nuevos me harían doler los pies, pero pude caminar con mucha <u>comodidad</u>.

   _____

6. Hizo tres intentos <u>errados</u> y tuvo que abandonar el juego.

   _____

7. Se sintió <u>aliviada</u> al saber que se había sacado una A en el último proyecto.

   _____

Nombre _____

A. Lee el borrador de ejemplo. Usa las preguntas como ayuda para pensar cómo puedes variar la estructura de las oraciones.

Borrador

El sábado pasado fui a la casa de mi amigo Alex. Alex tenía una canica de color azul. La canica de Alex me gustaba mucho. Yo tenía una canica de color rojo que le gustaba a Alex. Hicimos un trueque de canicas.

---

1. ¿Cómo podrías comenzar la primera oración para hacerla más interesante?

2. ¿Cómo podrías combinar la segunda y la tercera oración para formar una oración compuesta?

3. ¿De qué manera redactarías el comienzo de la última oración para que resulte más interesante?

B. Ahora revisa el ejemplo. Agrega detalles y diferentes tipos de oraciones para que la historia resulte más interesante.

_____

_____

_____

_____

_____

Nombre _____

La estudiante que escribió el texto de abajo usó evidencias de dos fuentes distintas para seguir la instrucción: Escribe un texto narrativo que explique el trueque.

La mujer estaba en la factoría, junto a los cestos con maíz y frijoles que había cosechado. En un momento, se acercó a ella un grillo con su trompeta.

—¿Quieres que intercambiemos tu maíz por mi música? —dijo el grillo.

La mujer miró al grillo. Luego miró su cesto con maíz, miró la trompeta y miró a su alrededor; finalmente contestó:
—¡Con todo gusto!

Entonces, el grillo tocó una hermosa canción con su trompeta. La mujer, mientras disfrutaba de la música, separó un poco de maíz para entregarle al grillo.

Los dos quedaron satisfechos con el trueque. Ella, porque la música le había alegrado la tarde. Él, porque ahora tenía comida para llevar a su casa.

Vuelve a leer el texto. Sigue las instrucciones.

1. **Encierra en un círculo** una ejemplo de uso del diálogo.

2. **Encierra en un cuadro** un ejemplo de oraciones de diferentes tipos y estructuras.

3. **Subraya** el mensaje que Olivia transmite a los lectores en el final de su narración.

4. **Escribe al menos dos pronombres personales del texto de Olivia.**

Nombre _____

| antepasado | arder | conservación | envejecer |
| oficio | oxidado | reciclar | serrar |

Usa las palabras de vocabulario para completar cada oración.

1. (reciclar) Hoy tuvimos una clase especial _____

_____.

2. (serrar) Observé a mi padre _____

_____.

3. (oxidado) Las viejas sillas de hierro _____

_____.

4. (oficio) En la escuela _____

_____.

5. (conservación) Apagar las luces que no se usan _____

_____.

6. (antepasado) La historia nos enseña _____

_____.

7. (arder) Como la cabaña era de madera, _____

_____.

8. (envejecer) Me pone triste _____

_____.

Nombre _____

Lee el texto. Completa el organizador gráfico de punto de vista.

Detalles

$$\downarrow$$

Punto de vista

Nombre _____

Lee el texto. Usa la estrategia de resumir para verificar que comprendes lo que lees.

Un jardín hecho con tarros

12	Irene había llegado a la ciudad con su familia hacía casi tres semanas. Había comenzado la escuela pero hasta el momento
21	solo se había hecho amiga de Abel, el niño que vivía junto a su
35	casa. Todos los días iban y volvían desde la escuela y pasaban por
48	un parque de juegos viejo y descuidado. Un viernes camino a su
60	casa se detuvieron a observarlo. Irene venía del campo y no podía
72	resistir ver un parque en esas condiciones.
79	—Mira este lugar en decadencia —dijo, desanimada—. Hay
88	basura por todos lados. Ni siquiera se puede jugar aquí. Abel
100	llevó a Irene hasta un pequeño rincón del parque donde había
111	plantas pisoteadas. También había allí algunas viejas herramientas
119	de jardín y una regadera. Al mirar estos instrumentos, Irene
129	creyó oír voces provenientes de ellos, que decían: "Aquí estamos,
138	abandonadas y olvidadas, contemplando tristes nuestro parque".
145	Abel pudo ver lágrimas en los ojos de Irene.
154	—Realmente extraño mi hogar en el campo —dijo—. Hay tantos
164	lugares al aire libre y espacios para correr y jugar. Abel
176	se sintió mal por Irene. A él tampoco le gustaba ver el parque
189	en ese estado. Acordaron reunirse allí más temprano la mañana
199	siguiente. Abel ya estaba trabajando en el parque cuando Irene
209	llegó por la mañana.
213	Con mucho cuidado había hecho una pila con todos los tarros.
224	—¡Hola Abel! —dijo Irene—. ¿Estás limpiando el parque?
233	—Sí. La gente tiró todos estos tarros —respondió—. Deberíamos
243	usarlos para hacer un nuevo jardín.

Nombre _____

Irene estuvo de acuerdo y comenzaron a trabajar, juntando la basura. Recolectaron los tarros restantes, les quitaron la tierra vieja y los limpiaron muy bien. Al emplear las herramientas del parque, Irene volvió a escuchar sus palabras: "Ahora volvemos a ser felices: el parque será nuevamente un lugar para disfrutar".

A medida que el día avanzaba, algunos amigos de Abel pasaron por el lugar y, al ver lo que estaban haciendo, quisieron ayudar. Irene notó que el parque y el jardín también eran importantes para ellos. Entre todos limpiaron el parque. Luego trabajaron en el jardín. Llenaron los tarros limpios con tierra. Después plantaron semillas que Irene le había pedido a su mamá. Colocaron los tarros en una hilera y los regaron.

—Juntémonos aquí todos los días —dijo Abel con orgullo—. Así garantizaremos que esté siempre limpio.

Todos estuvieron de acuerdo y se fueron a sus hogares. Los nuevos amigos de Irene la hicieron sentir como en casa, y quiso hacer algo lindo para agradecerles su duro trabajo.

Al lunes siguiente todos caminaron juntos hacia la escuela. Al pasar por el parque, vieron que Irene había vuelto a ordenar los tarros para que en las etiquetas se leyera la palabra *Bienvenidos*.
—¡Qué linda manera de entrar al parque! —dijo Abel. Todos estaban muy agradecidos por tener un nuevo lugar donde poder reunirse. Y mientras regaba, la regadera le susurró a Irene: "Gracias, amiga. ¿Has visto lo bien que te hace sentir hacer algo que te dará felicidad a ti a los demás?".

Nombre _____

A. Vuelve a leer el texto y responde las preguntas.

1. ¿Cuál es el punto de vista de Irene sobre el estado del parque de juegos en el segundo párrafo?

_____

_____

2. En los párrafos quinto y sexto, ¿cuál es el punto de vista de Abel sobre Irene y el parque de juegos?

_____

_____

3. Al final del texto, ¿cómo se sienten Abel e Irene por haber convertido el parque de juegos en un jardín donde se puede jugar?

_____

_____

B. Trabaja con un compañero o compañera. Lean el texto en voz alta. Presten atención al fraseo. Deténganse después de un minuto. Completen la tabla.

	Palabras leídas	–	Cantidad de errores	=	Puntaje: palabras correctas
Primera lectura		–		=	
Segunda lectura		–		=	

Nombre _____

Música reciclada

Faltaban pocos días para la Feria de Ciencias. Luis todavía no tenía ideas. Estaba preocupado.

Sobre su mesa había una botella de plástico.

—Puedo sonar como un instrumento musical —le dijo la botella.

—¿De veras? —dijo Luis asombrado.

—Así es —dijo la botella— Puedes hacer muchas pruebas: ponerme semillas y agitarme, golpearme suavemente con una rama... También puedes hacer sonar otras botellas o un frasco...

Gracias al consejo de la botella, Luis creó un pequeño equipo de percusión con los envases de desecho que tenía en su cocina. ¡Y fue muy aplaudido en la Feria de Ciencias!

Responde las preguntas sobre la selección.

1. ¿Cómo sabes que este texto es una fantasía?

_____

2. ¿Qué elemento del texto tiene este cuento?

_____

3. ¿Qué hace Luis en la ilustración?

_____

_____

Nombre _____

Lee las oraciones. Subraya las claves de contexto que te ayudan a comprender el significado de los homógrafos en negrillas. Luego, escribe la definición del homógrafo que corresponda al significado que se usa en cada oracion.

1. Había hecho una **pila** con todos los tarros.

_____

2. Acordaron reunirse allí más temprano a la **mañana** siguiente.

_____

3. Irene había vuelto a **ordenar** los tarros.

_____

4. Realmente **extraño** mi hogar en el campo.

_____

Nombre _____

A. Lee el borrador de ejemplo. Usa las siguientes preguntas como ayuda para pensar qué lenguaje sensorial puedes agregar.

Borrador

Fuimos a una boda este fin de semana. No tenía un traje para ponerme. Mi mamá me dio el viejo traje de mi hermano. No me quedaba bien, pero me lo puse de todos modos.

---

1. ¿Dónde fue la boda? ¿Quiénes se casaban?

2. ¿Por qué el narrador no tenía un traje para ponerse?

3. ¿Con qué detalles sensoriales describirías el viejo traje del hermano?

4. ¿Qué detalles sensoriales se podrían agregar para ayudar a los lectores a imaginar la boda?

B. Ahora revisa el ejemplo. Usa lenguaje sensorial para describir el traje y la boda.

_____

_____

_____

_____

Nombre _____

La estudiante que escribió el texto de abajo usó evidencias de dos fuentes distintas para seguir la instrucción: Escribe un texto narrativo que explique cómo rescatar cosas usadas.

El hijo del leñador estaba solo en su casa del bosque. Ya había anochecido. En un momento, vio la mesa que su padre había construido hacía ya muchos años. Ver esa mesa lo hizo sentir triste y melancólico. Su padre, trabajador y cariñoso, había creado la mesa paso a paso, tabla a tabla, clavo a clavo hacía ya mucho tiempo.

Entonces, se dijo: "Yo puedo reciclar la mesa de modo artístico. A mi padre le gustaría, él se sentiría feliz si la viera". El muchacho tomó la mesa con gran alegría. Con mucho trabajo y mucha paciencia, la transformó en una escultura muy original.

Vuelve a leer el texto. Sigue las instrucciones.

1. **Encierra en un círculo** las oraciones donde Jayla dice dónde y cuándo sucede la escena.

2. **Encierra en un cuadro** un ejemplo de lenguaje sensorial.

3. **Subraya** una oración que muestre lo que siente el muchacho cuando tiene la idea de reciclar la mesa.

4. **Escribe al menos dos pronombres personales del texto de Jayla.**

Nombre _____

accidental	acudir	dañino	desastre
descuidado	equipo	prevención	propósito

Usa una palabra del cuadro para responder cada pregunta. Luego escribe una oración con cada palabra.

1. Si algo puede ocasionarte un daño, ¿cómo lo llamarías?

   _____

2. ¿Cuál es el nombre del conjunto de prendas de vestir que se necesitan para jugar un deporte?

   _____

3. ¿Qué palabra significa la *razón por la cual se hace algo*?

   _____

4. ¿Cómo llamarías a alguien que no es cuidadoso?

   _____

5. ¿Qué palabra puedes usar para decir que *algo sucede de manera inesperada*?

   _____

6. ¿Qué palabra se usa para referirse a un suceso lamentable?

   _____

7. ¿Qué palabra significa casi lo mismo que *previsión*?

   _____

8. ¿Qué palabra significa *ir a un determinado lugar*?

   _____

Nombre _____

Lee el texto. Completa el organizador gráfico de punto de vista del autor.

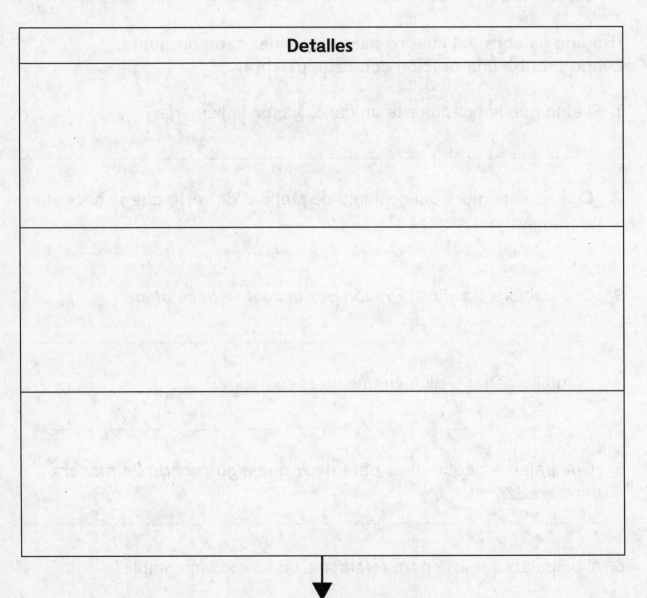

Detalles

Punto de vista del autor

Nombre _____

Lee el texto. Usa la estrategia de hacer y responder preguntas para verificar que hayas comprendido los detalles más importantes del texto.

El verdadero trabajo en equipo

	Intentamos predecir, o anunciar, las emergencias antes de que
9	sucedan. Sin embargo, pueden ocurrir de un modo sorpresivo.
18	Aun si no podemos predecirlas, podemos prepararnos. En una
27	emergencia, es mejor que las personas trabajen en equipo.
36	Cuando la gente trabaja junta está más preparada. En equipo se
47	puede ayudar a más gente que estando solos y sin preparación.
58	El 29 de agosto de 2005, el huracán Katrina azotó Luisiana. Fue
69	una de las tormentas más fuertes en esa área en los últimos 100
81	años. Los fuertes vientos, las densas lluvias y las inundaciones
92	extremas destrozaron las casas, los edificios, los terrenos y los
100	caminos de la Costa del Golfo. Algunas personas perdieron todo
111	lo que tenían en la tragedia. Perdieron sus hogares, su ropa, sus
121	automóviles y mucho más. Estas personas necesitaron ayuda. Se
131	formaron equipos para brindar asistencia y ayuda a esta gente.
140	Los equipos se juntaron para ofrecer comida y refugio. Este fue
151	un momento duro para las víctimas, la gente afectada por la
163	tormenta. Encontrar comida y refugio por sí solos hubiera sido
174	muy difícil.
178	No siempre sabemos cuándo se aproxima una tormenta, una
187	inundación u otro suceso. Aun así, hay equipos que siempre están
198	listos para ayudar. Cuando ocurre un desastre similar al Katrina,
208	saben qué hacer. Saben cómo obtener comida, agua y hasta
218	médicos para asistir a la gente. Su tarea es trabajar en equipo y
231	brindar ayuda en todo el mundo.

Copyright © McGraw-Hill Education

Es bueno saber que hay equipos que pueden brindar ayuda después de un desastre. Sin embargo, tu familia debe estar preparada. Es importante saber cómo trabajar en equipo en una

Win Henderson/FEMA photo

emergencia. Puede ser tan simple como hablar con los vecinos. Todos ustedes pueden trabajar juntos para estar preparados.

Trabajar en equipo es alentador y da esperanzas. Todos tienen el mismo objetivo. Podría ser mucho más trabajoso prepararse solo para una emergencia. Saber que tus vecinos están trabajando contigo, puede hacerte sentir mejor. Todos pueden trabajar juntos para estar preparados. ¿Qué debes hacer? Algo importante es que cuenten con un Equipo de emergencia. Este es un equipo que tiene elementos esenciales e importantes que se necesitan para sobrevivir. Puede tener comida, agua y linternas. ¿Qué pasa si olvidas empacar una linterna? Podrías necesitar una en una emergencia. Si tus vecinos han empacado una, te pueden ayudar. Este es uno de los pequeños beneficios de trabajar en equipo.

Nadie sabe con certeza cuándo podría presentarse una emergencia. Podría ser hoy o dentro de algunos años. Quizás nunca necesites usar tu Equipo de emergencia. Sin embargo, saber que tú y tus vecinos están listos y pueden trabajar en equipo hace que todos se sientan mejor. En una emergencia, la gente se siente más segura cuando trabaja en equipo que cuando lo hace sola.

Nombre_____

A. Vuelve a leer el texto y responde las preguntas.

1. Vuelve a leer el primer párrafo. ¿Qué piensa el autor sobre el trabajo en equipo?

_____

_____

2. ¿ Qué crees que hubiera sentido el autor sobre los equipos que ayudaron a las víctimas de Katrina?

_____

_____

_____

3. Tus opiniones sobre el trabajo en equipo, ¿son iguales o diferentes a las del autor?

_____

_____

B. Trabaja con un compañero o compañera. Lean el texto en voz alta. Presten atención al fraseo y al ritmo. Deténganse después de un minuto. Completen la tabla.

	Palabras leídas	–	Cantidad de errores	=	Puntaje: palabras correctas
Primera lectura		–		=	
Segunda lectura		–		=	

Nombre _____

Trabajo en equipo en el aeropuerto

Cuando un avión está por aterrizar, el piloto se comunica por radio con el controlador de tráfico aéreo para avisar que el avión se está aproximando. Luego, el controlador de tráfico aéreo observa la pista para asegurarse de que esté despejada. Si no hay aviones en ella, el controlador le dice al piloto que aterrice.

| El controlador de tráfico aéreo ayuda al piloto a aterrizar. | El controlador de tráfico terrestre guía al piloto hasta el aeropuerto. |

Una vez que el avión está en tierra el controlador de tráfico aéreo conecta al piloto con el controlador de tráfico terrestre. El controlador de tráfico terrestre le da al avión una ruta clara desde la pista hasta el aeropuerto.

Responde las preguntas sobre la selección.

1. ¿A qué género corresponde este texto? ¿Cómo lo sabes?

_____

_____

2. Nombra la característica del texto que incluye. ¿Para qué sirve?

_____

_____

3. ¿Cómo trabajan el piloto y los controladores para aterrizar un avión?

_____

_____

Nombre _____

Lee las oraciones. Subraya en las oraciones las claves que te ayuden a comprender el significado de cada palabra en negrilla. Escribe el significado sobre la línea.

1. Aun cuando no podemos **predecirlas** o anticiparlas, sí podemos prepararnos para las emergencias.

   Predecir significa _____

2. Que su maestra le dijera que era una buena estudiante fue **alentador** para Gretel y le dio más confianza para hacer mejor las cosas en la clase.

   Alentar significa _____

3. El hundimiento del Titanic fue una **tragedia**, un suceso desafortunado sobre el que la gente aún hoy en día habla.

   Tragedia significa _____

4. Después del terremoto, la Cruz Roja brindó **asistencia**. Fue sorprendente todo el apoyo y la ayuda que se necesitó.

   Asistencia significa _____

5. Resultó difícil al principio decir cuántas eran las **víctimas**, o cuánta gente estaba sufriendo la destrucción.

   Víctimas significa _____

6. Los equipos de emergencia contienen elementos **esenciales** o indispensables para sobrevivir.

   Esencial significa _____

Nombre _____

A. Lee el borrador de ejemplo. Usa las siguientes preguntas como ayuda para crear un párrafo interesante y bien escrito.

Borrador

Uno de los deberes de un oficial de la policía es prevenir el delito. Tienen radios para que les comuniquen el lugar en el que se está cometiendo un delito. Los oficiales de la policía arrestan a los delincuentes para evitar que rompan la ley.

---

1. ¿Cuál es la idea principal? ¿Qué oración sobre el tema podrías agregar para mostrarla?

2. ¿Todas las oraciones respaldan la idea principal? ¿Deberías eliminar alguna?

3. ¿De qué manera podrías reforzar la conexión entre las oraciones de apoyo y la idea principal?

4. ¿Por qué los oficiales de la policía son importantes en una comunidad?

B. Ahora revisa el ejemplo. Escribe un párrafo interesante y bien escrito sobre los oficiales de policía que contenga una oración sobre el tema y oraciones de apoyo.

_____

_____

_____

_____

Nombre _____

El estudiante que escribió el texto de abajo usó evidencias de dos fuentes distintas para seguir la pregunta: *¿Por qué los incendios forestales son un peligro para el ambiente y las personas?*

Al igual que los huracanes, los incendios forestales pueden dañar la naturaleza, así como a las personas. Se mueven rápidamente y es difícil controlarlos. Se esparcen con rapidez y pueden iniciarse con mucho facilidad. Una chispa de una fogata, un fósforo o un rayo pueden desatarlo. El fuego puede destruir un bosque repleto de árboles, plantas y animales. Los incendios forestales también son peligrosos para las personas. Pueden destruir casas y campos. Los bomberos no pueden controlar el incendio con tanta facilidad como Windy Gale detuvo al huracán. Ellos también pueden salir heridos. No es difícil comenzar un incendio forestal pero una vez iniciado puede ser una amenaza seria para la vida silvestre y las personas.

Vuelve a leer el texto. Sigue las instrucciones.

1. **Encierra en un círculo** la oración que presenta el tema.

2. **Subraya** datos y detalles importantes en el párrafo que respaldan la oración principal.

3. **Encierra en un cuadro** la conclusión que resume el párrafo.

4. Escribe un ejemplo de concordancia entre un pronombre y un verbo.

_____

Nombre _____

audaz	ciudadanía	continuar	horrorizado
obstáculo	participar	proponer	vacilar

Usa las claves de contexto de cada oración como ayuda para seleccionar la palabra de vocabulario más adecuada, y completa los espacios en blanco.

Guillermo estaba en la clase de tercer grado del señor Díaz. Esta semana estaban estudiando los derechos de los ciudadanos. El señor Díaz dijo a la clase que votar era un aspecto importante de la _____.

—En el pasado había normas injustas que no les permitían votar a algunas personas —dijo el señor Díaz. Guillermo se sorprendió. Estaba _____ por el _____ que representaban estas normas.

—¿Cómo obtuvieron el derecho a votar? —preguntó Guillermo.

—Fue difícil —respondió el señor Díaz—. Tuvieron que ser valientes y en algunas ocasiones _____. Cuando otras personas intentaron detenerlos, no dudaron ni _____. Pese a la adversidad, _____ la lucha por sus derechos. Ellos querían _____ en el proceso electoral como cualquier ciudadano.

Las palabras del señor Díaz lo hicieron pensar a Guillermo. Más tarde, _____ que la clase escribiera una obra de teatro sobre la gente que luchó por su derecho a votar.

—¡Es una gran sugerencia, Guillermo! —exclamó el señor Díaz.

Nombre _____

Lee el texto. Completa el organizador gráfico de punto de vista del autor.

Detalles

↓

Punto de vista del autor

Nombre _____

Lee el texto. Usa la estrategia de hacer y responder preguntas como ayuda para comprender el texto.

Hiram Revels: el primer senador afroamericano

11	Hiram Rhodes Revels nació en Carolina del Norte en el año 1827. A lo largo de toda su vida fue un buen ciudadano. Fue un
24	gran maestro y líder. Y siempre fue justo. Era tan respetado que
36	se convirtió en el primer afroamericano en ser miembro del
47	Senado de los Estados Unidos.
52	**Una época difícil para los afroamericanos**
58	Revels nació durante una época dura para los afroamericanos.
67	Los afroamericanos eran tratados inapropiadamente. En el Sur,
76	la mayoría de los afroamericanos eran esclavos. Revels creció, sin
85	embargo, como un afroamericano libre, es decir, un esclavo que
95	obtuvo su libertad. Gracias a su condición de esclavo liberado,
105	Revels tuvo la posibilidad de elegir.
111	Aun así, las leyes del Sur eran injustas con todos los
122	afroamericanos. Tenían que hacer los trabajos más duros. No se
132	les permitía ir a la escuela. Si bien no era legal, algunos esclavos
145	que habían obtenido su libertad dirigían escuelas para los niños
155	afroamericanos. De niño, Revels fue enviado a una de estas
165	escuelas. Trabajó mucho para completar su educación. Le resultó
174	imposible asistir a la universidad en el Sur. De manera que viajó
186	lejos de su hogar. Asistió a una universidad en los estados
197	del Norte.

Predicar y enseñar

Después de la universidad, Revels se convirtió en pastor de una iglesia. Era un gran orador. También fue un gran maestro. Revels sabía que mucha gente no quería que los afroamericanos fueran a la escuela. Pero fue muy valiente. Viajó por todo el país. Les enseñó a los afroamericanos. Sabía que esto los convertiría en buenos ciudadanos.

El primer senador afroamericano

Revels se mudó a Natchez, Mississippi, en 1866. Para esa época, ya se había prohibido la esclavitud. Muchos afroamericanos habían sido liberados recientemente. Estos esclavos que habían obtenido su libertad votaron por Revels para que fuera senador por el Estado de Mississippi. Y fue electo. Fue el primer afroamericano en convertirse en senador de los Estados Unidos. ¡Fue un gran logro!

En el Senado, Revels trató de ser completamente justo con todas las personas de su estado. Le desagradaban las reglas que eran injustas con los afroamericanos. Entonces intentó cambiarlas. Hizo que fuera legal para los afroamericanos trabajar en los astilleros de la Armada. Desafió las normas que mantenían separados a los afroamericanos de los demás americanos. Pero también fue justo con la gente de otras razas. A pesar de que el Sur perdió durante la Guerra Civil, Revels no quiso que los soldados blancos del Sur fueran castigados.

Hiram Revels ayudó a mucha gente a lo largo de su vida. Ayudó a las personas a aprender. Como senador, ayudó al país a progresar. ¡Fue realmente un buen ciudadano!

Hiram Rhodes Revels: el primer afroamericano en ser miembro del Senado de los Estados Unidos

Nombre _____

A. Vuelve a leer el texto y responde las preguntas.

1. ¿Cómo describe el autor a Revels en el primer párrafo?

_____

2. ¿Por qué el autor dice que Revels era "valiente"?

_____

_____

3. De acuerdo con el texto, ¿cuál fue el "gran logro" de Revels?

_____

_____

4. ¿Cuál es la posición del autor sobre Hiram Revels?

_____

_____

B. Trabaja con un compañero o compañera. Lean el texto en voz alta. Presten atención al fraseo y al ritmo. Deténganse después de un minuto. Completen la tabla.

	Palabras leídas	–	Cantidad de errores	=	Puntaje: palabras correctas
Primera lectura		–		=	
Segunda lectura		–		=	

Nombre _____

Los primeros años de Jane Addams

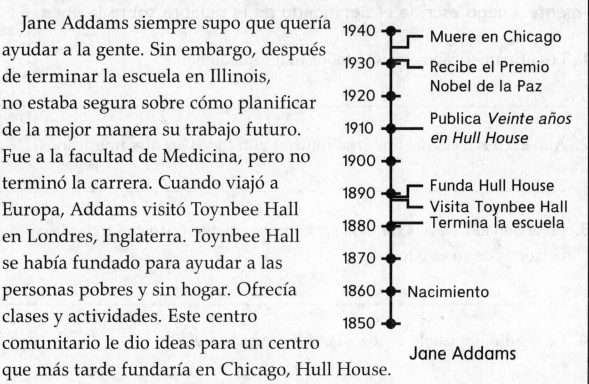

Jane Addams siempre supo que quería ayudar a la gente. Sin embargo, después de terminar la escuela en Illinois, no estaba segura sobre cómo planificar de la mejor manera su trabajo futuro. Fue a la facultad de Medicina, pero no terminó la carrera. Cuando viajó a Europa, Addams visitó Toynbee Hall en Londres, Inglaterra. Toynbee Hall se había fundado para ayudar a las personas pobres y sin hogar. Ofrecía clases y actividades. Este centro comunitario le dio ideas para un centro que más tarde fundaría en Chicago, Hull House.

1940 — Muere en Chicago
1930 — Recibe el Premio Nobel de la Paz
1920
1910 — Publica *Veinte años en Hull House*
1900
1890 — Funda Hull House
     — Visita Toynbee Hall
1880 — Termina la escuela
1870
1860 — Nacimiento
1850

Jane Addams

Responde las preguntas sobre la selección.

1. **¿Cómo sabes que este texto es una biografía?**

   _____

2. **¿Qué característica del texto se incluye en esta biografía?**

   _____

3. **¿Por qué la línea cronológica te puede ayudar a comprender mejor la vida de Addams?**

   _____

4. **¿De dónde obtuvo Jane Addams su idea para fundar Hull House?**

Nombre _____

Lee cada una de las siguientes oraciones. Subraya la palabra en cada oración que tenga el prefijo *im-/in-* o *des-* o el sufijo *-mente*. Luego escribe el significado de la palabra sobre la línea.

1. Los afroamericanos eran tratados inapropiadamente.

_____

2. Aun así, las leyes del Sur eran injustas con todos los afroamericanos.

_____

3. En el Senado, Revels trató de ser completamente justo con todas las personas de su estado.

_____

4. Le resultó imposible asistir a la universidad en el Sur.

_____

5. Muchos afroamericanos habían sido recientemente liberados.

_____

6. Le desagradaban las reglas que eran injustas para los afroamericanos.

_____

Nombre _____

A. Lee el borrador de ejemplo. Usa las siguientes preguntas como ayuda para pensar cómo atrapar la atención del lector con un principio interesante.

Borrador

Mi abuela es una buena ciudadana porque mejora nuestra comunidad. Se ofrece como voluntaria en el parque para que los niños tengan un lugar seguro donde jugar. Mi tío es un buen ciudadano porque nos mantiene seguros. Se ofrece como bombero voluntario para ayudar a la gente.

---

1. ¿Cuál es el propósito de este texto?

2. ¿Qué oración inicial indicaría claramente el tema y atraparía la atención del lector?

3. ¿Qué inicio haría que los lectores quisieran leer más?

B. Ahora revisa el ejemplo. Agrega un principio interesante para hacer que los lectores quieran leer más.

_____

_____

_____

_____

_____

Nombre _____

El estudiante que escribió el texto de abajo usó evidencias de dos fuentes distintas para seguir la pregunta: *¿Qué tienen en común Elizabeth C. Stanton y Susan B. Anthony?*

Elizabeth C.Stanton y Susan B. Anthony no eran realmente hermanas, pero lucharon juntas por los derechos de la mujer.

Las dos nacieron en el siglo 19 y recibieron una muy buena educación. En aquellos días, las mujeres sólo tenían acceso a la educación básica. Tanto Stanton como Anthony creían que era injusto que hombres y mujeres tengan distintos derechos, así que decidieron hacer algo al respecto. Sus caminos se cruzaron en 1848 en una reunión en Seneca Falls, Nueva York. Dieron un discurso sobre el derecho al voto. A partir de este momento, Susan y Elizabeth comenzaron a luchar juntas por el voto femenino. Eran mujeres admirables y de gran carácter. Sin ellas, el mundo sería diferente.

Vuelve a leer el texto. Sigue las instrucciones.

1. **Subraya** la oración que presenta el tema.

2. **Encierra en un cuadro** las oraciones que desarrollan el tema.

3. **Encierra en un círculo** los conectores que unen ideas.

4. **Escribe** en la línea un ejemplo de pronombre posesivo.

_____

Nombre _____

contaminación   energía   fuente   producir

recurso natural   reemplazar   renovable   tradicional

Completa cada oración con la palabra de vocabulario que corresponda.

1. **(tradicional)** Vamos a la casa de nuestros amigos _____

_____

2. **(fuente)** El Sol y el viento son excelentes _____

_____

3. **(producir)** Nuestra maestra de Ciencias nos pidió _____

_____

4. **(energía)** Dormí ocho horas y tuve _____

_____

5. **(reemplazar)** Nuestro viejo televisor se rompió, _____

_____

6. **(contaminación)** Compramos un vehículo eléctrico _____

_____

7. **(renovable)** Esta tienda vende solo objetos que se fabrican _____

_____

8. **(recurso natural)** La energía del viento _____

_____

Comprensión: **Organizador gráfico de causa y efecto**

Nombre _____

Lee el texto. Completa el organizador gráfico de causa y efecto.

Causa	→	Efecto
Primero	→	
Luego	→	
Después	→	

Nombre _____

Lee el texto. Usa la estrategia de hacer y responder preguntas para encontrar las respuestas en el texto.

El automóvil eléctrico

¿Has visto alguna vez a una persona enchufar un automóvil?
10 Algunos automóviles funcionan con electricidad en lugar de gasolina.
19 Hay muchos buenos motivos para comprar un automóvil impulsado
28 por la electricidad. Pero también hay algunos inconvenientes para
37 tener en cuenta.

40 **Historia del automóvil eléctrico**

44 Un automóvil eléctrico funciona con un motor eléctrico. El
53 automóvil tiene un pedal para moverse al igual que cualquier otro
64 automóvil. Pero no se necesita gasolina para accionar el motor, sino
75 una batería. Para recargar la batería del automóvil eléctrico se usa la
87 electricidad común de la casa.

92 El motor eléctrico tuvo sus inicios entre 1830 y 1840. Fueron
103 mejorados durante años. Cada vez se fabricaron mejores baterías. Para
113 fines del siglo XIX los automóviles eléctricos eran usados por muchas
124 personas en los Estados Unidos.

129 Los automóviles eléctricos eran fáciles de conducir. Los conductores
138 no tenían que hacer los cambios. Los automóviles impulsados
147 a gasolina necesitaban un cigüeñal manual para arrancar. Los
156 automóviles eléctricos, no.

159 Mucha gente usó automóviles eléctricos en las ciudades. Los
168 automóviles se conducían sin complicaciones. Producían poco ruido.
176 Tampoco emitían el olor de los automóviles a gasolina. En el año 1897
189 los automóviles eléctricos también se usaron como taxis en Nueva York.

200 Luego, en el año 1908 Henry Ford construyó el Modelo T accionado
212 a gasolina. Funcionaba mejor que los viejos automóviles a gasolina.
222 Y era más económico de fabricar que los automóviles eléctricos. Así
233 finalizó el reinado del automóvil eléctrico.

Nombre _____

Pros y contras

Hay muchos motivos para que la gente compre automóviles eléctricos en la actualidad. Son buenos para el planeta. No contaminan el aire. Los automóviles que funcionan con gasolina usan un caño de escape que hace que se libere la contaminación.

Los automóviles eléctricos no necesitan tanto mantenimiento como los carros a gasolina. Tampoco necesitan cambios de aceite. No hay que ir a la estación de servicio. Un motor eléctrico tiene menos piezas. Esto, por lo general, significa que hay menos problemas para solucionar.

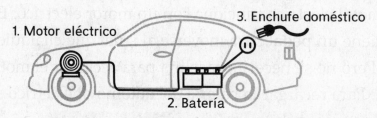

1. Motor eléctrico **3. Enchufe doméstico** **2. Batería**

Principales piezas del automóvil eléctrico

Sin embargo, el automóvil que funciona con electricidad presenta algunos inconvenientes. Uno de ellos es que se tiene que volver a cargar. Los tiempos de carga pueden variar. Una carga completa puede demorar varias horas.

La mayoría de los automóviles eléctricos no puede recorrer grandes distancias con una carga eléctrica. Un automóvil a gasolina puede ir más lejos con un tanque de gasolina completo. Y hay muchas estaciones de servicio. Pero, no hay tantos lugares donde recargar un automóvil eléctrico.

Las baterías de los automóviles eléctricos también pueden necesitar ser reemplazadas. Y cuestan mucho dinero. También son muy grandes y pesadas.

El automóvil eléctrico está en el mercado hace mucho tiempo. Su futuro es brillante si los fabricantes de automóviles siguen trabajando para mejorarlo.

Nombre _____

A. Vuelve a leer el texto y responde las preguntas.

1. ¿Cuáles fueron algunas razones para que la gente comprara automóviles eléctricos a fines del siglo XIX?

_____

_____

_____

2. ¿Qué efecto tuvo la invención del Modelo T?

_____

_____

3. ¿Qué efecto podría producir la siguiente afirmación? *Un automóvil eléctrico necesita cargar su batería y no hay muchos lugares para recargarla cuando estás en la ruta.* Usa la información de la sección Pros y contras como ayuda.

_____

_____

B. Trabaja con un compañero o compañera. Lean el texto en voz alta. Presten atención al ritmo. Deténganse después de un minuto. Completen la tabla.

	Palabras leídas	–	Cantidad de errores	=	Puntaje: palabras correctas
Primera lectura		–		=	
Segunda lectura		–		=	

Nombre _____

Energía extraída del plástico reciclado

Algunos tipos de plástico solo pueden reciclarse una determinada cantidad de veces. Después de eso, estos plásticos no pueden usarse para nada más y deben llevarse a un relleno sanitario. Por fortuna, los científicos recientemente han realizado experimentos que demuestran que podemos quemar este plástico inútil para producir energía. El siguiente paso es poner este proceso en práctica, de manera que las plantas de energía en el país puedan usar estos plásticos como combustible.

La búsqueda de una nueva energía

En la actualidad, hallar nuevas fuentes de energía es de suma importancia. Ahora podemos sumar el plástico al viento, al Sol y al agua como una fuente de energía alternativa. Pero aun cuando trabajamos para construir plantas de energía que queman plástico reciclado como combustible, debemos continuar buscando nuevas fuentes de energía para reemplazar los combustibles fósiles sucios.

Responde las preguntas sobre la selección.

1. ¿Cómo sabes que este es un texto informativo?

_____

2. ¿Qué característica de texto incluye?

_____

3. ¿Qué opinión expresa el autor en el recuadro?

_____

_____

Nombre _____

Lee cada una de las oraciones. Subraya las claves de contexto que te ayudan a comprender el significado de cada homófono en negrilla. Luego escribe la definición correcta del homófono sobre la línea.

1. Esto por lo general significa que **hay** menos problemas para solucionar.

_____

2. La electricidad común de la **casa** se usa para recargar la batería del automóvil eléctrico.

_____

3. El automóvil eléctrico **ha** estado en el mercado por mucho tiempo.

_____

4. El motor eléctrico **tuvo** sus inicios entre 1830 y 1840.

_____

5. Ya hace más de **cien** años que se fabricaron los primeros automóviles eléctricos.

_____

Nombre _____

A. Lee el borrador de ejemplo. Usa las siguientes preguntas como ayuda para pensar cómo puedes usar la voz para mostrar tu opinión sobre un tema.

Borrador

Los automóviles comunes desperdician energía. Los automóviles eléctricos funcionan con electricidad. Los automóviles comunes contaminan el aire. Los automóviles eléctricos se pueden cargar directamente en la calle. Quiero tener un automóvil eléctrico cuando tenga la edad suficiente para conducir.

---

1. ¿Qué crees que piensa el autor sobre el desperdicio de energía?

2. ¿Por qué el autor piensa que debemos preocuparnos por la contaminación?

3. ¿Qué cosas importantes podría aportar al medioambiente el uso de los automóviles eléctricos?

4. ¿Cuál es el punto de vista del escritor sobre los automóviles eléctricos?

B. Ahora revisa el ejemplo. Agrega creencias y motivos para ayudar a que quede clara la opinión del escritor.

_____

_____

_____

_____

Nombre _____

El estudiante que escribió el texto de abajo usó evidencias de dos fuentes distintas para seguir la pregunta: *¿Qué opinas sobre utilizar fuentes de energía alternativa, como el viento o la luz solar, en lugar de petróleo y carbón?*

Pienso que es mucho mejor usar energías alternativas en lugar de recursos no renovables. Las energías eólica y solar son menos costosas que el carbón o el petróleo. No producen contaminación a diferencia del carbón y el petróleo que son fuentes de energía muy contaminante. Y además son más seguras. Las energías eólica y solar no pueden enfermar a las personas y su transporte no es peligroso o inflamable. Nadie debe extraerlas del suelo. Además, hay mucho viento y mucha luz solar pero el carbón y el petróleo se acabarán un día. Espero que cada vez más comunidades utilicen fuentes de energía como el viento o la energía solar en el futuro porque encontramos estos recursos en abundancia y son limpios.

Vuelve a leer el texto. Sigue las instrucciones.

1. **Encierra en un cuadro** la oración que muestra la opinión del estudiante.

2. **Subraya** evidencia en el texto que respalda la opinión del estudiante.

3. **Encierra en un círculo** un conector que respalda la opinión del estudiante en la última oración.

4. Escribe un ejemplo de una contracción en el texto.

_____

Nombre _____

aplaudir	cabecera	despegar	elegancia
envoltura	pianista	riqueza	tesoro

Usa las claves de contexto de cada oración como ayuda para decidir qué palabra de vocabulario se ajusta mejor en cada espacio en blanco.

—¿Adivina qué acabo de leer? —preguntó María, recostada contra un gran almohadón en la _____ de su cama—. Una emocionante historia sobre dos amigos que buscan un _____ secreto, algo de gran valor escondido en una selva. ¡Dedicaron su vida a hallarlo!

—¿Lo encontraron? —preguntó Carolina.

—No te contaré el final. El estilo de la narración tiene una sencillez, una belleza y una _____ que lograrás apreciar y te atrapará. Solo te diré que los protagonistas son dos amigos que se lanzan a la aventura. Uno de ellos es un famoso _____, que deja sus conciertos para seguir junto a su amigo de la infancia el mapa que les han dejado.

—¡Suena muy emocionante! —dijo Carolina.

—¡Lo es! Pero no saben que alguien más está tras la misma pista. Alguien que quiere toda la _____ y dinero que el mapa promete.

—¡Oh no! —dijo Carolina. Se veía preocupada por lo que podría suceder en la historia.

—La parte que más emoción y temor me causó fue el encuentro de los dos bandos de buscadores del tesoro en la pista del pequeño helipuerto. No te imaginas las corridas y la lucha por llegar a tomar el helicóptero a punto de _____ que los adentraría en la selva...

—¡Guau! No puedo esperar ni un minuto para empezar a leerlo. Creo que mis manos se cansarán de _____ cuando termine.

—Sí, de verdad te encantará y lo disfrutarás mucho —expresó María—. Aquí tienes un ejemplar de obsequio. Solo recuerda quitarle la _____ antes de empezar a leerlo.

Nombre _____

Lee el texto. Completa el organizador gráfico de tema.

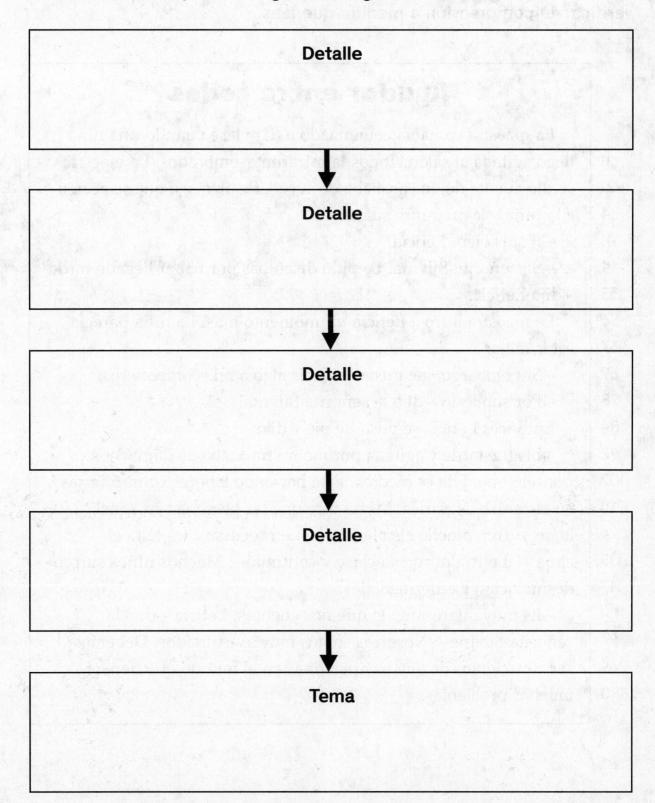

Detalle

Detalle

Detalle

Detalle

Tema

Nombre _____

Lee el texto. Usa la estrategia de hacer predicciones para verificar tu comprensión a medida que lees.

Ayudar entre todos

La maestra ya había comenzado a dar clase cuando una niña
11 llegó agitada al salón. Todos la miraron asombrados. La maestra
21 se dio cuenta de que acababa de sucederle algo, así que se acercó
34 a la niña y le preguntó suavemente:
41 —¿Estás bien, Leticia?
44 —Sí, señorita Silvina. Le pido disculpas por haber llegado tarde
53 —dijo Leticia.
56 La maestra miró a Leticia un momento más. La niña parecía
67 estar mejor.
69 —Sin embargo, me gustaría decir algo a mis compañeros.
78 —Por supuesto —dijo la señorita Silvina.
84 Entonces Leticia se puso de pie y dijo:
92 —Llegué tarde y agitada porque mi tía acaba de llamarnos
102 por teléfono. Ella es médica. Está haciendo labores comunitarias
111 en el centro de África. Mi tía dice que las personas en aquel
124 lugar sufren mucho el calor, no tienen recursos, les falta el
135 agua —. Leticia miró a la clase y continuó—: Muchos niños sufren
147 desnutrición y enfermedades.
151 —Es muy interesante lo que nos cuentas, Leticia —dijo la
161 señorita Silvina—. Nosotros somos muy afortunados. Debemos
169 ser conscientes de que hay personas en el mundo que tienen
180 muchos problemas.

Nombre _____

Uno de los niños de la clase dijo:

—¡Debemos ser solidarios con ellos! ¿Cómo podríamos ayudarlos?

—Podríamos ayudarlos de muchas maneras —dijo la señorita Silvina—: Podríamos enviar alimentos y ropa, por ejemplo.

—También debemos conocer más sobre su situación... No debemos estar desinformados —dijo el niño.

—Mi tía dice que todo lo que hagamos ayudará al fortalecimiento de sus condiciones de vida —dijo Leticia.

La señorita Silvina organizó a la clase para que recaudaran alimentos. Algunos niños traerían ropas y juguetes. Otros hablarían con sus familias para buscar empresas que ayuden con dinero.

De ese modo, entre todos podrían evitar que haya desdichados en el mundo. Con la ayuda de toda la comunidad, la tía de Leticia podría abrir un nuevo centro de atención médica en aquel pueblo del centro de África.

—Debemos ser conscientes de que lo verdaderamente importante es el bien de todos —dijo la señorita Silvina.

Los niños estuvieron de acuerdo y comenzaron a trabajar por un mundo mejor.

Nombre _____

A. Vuelve a leer el texto y responde las preguntas.

1. ¿Qué problemas describe la tía de Leticia?

_____

_____

2. Según el niño de la clase, ¿qué deben hacer por las personas necesitadas?

_____

3. Enumera algunas de las cosas que harán los niños de la clase para ayudar a las personas necesitadas.

_____

_____

4. ¿Cuál es el tema de este cuento?

_____

_____

B. Trabaja con un compañero o compañera. Lean el texto en voz alta. Presten atención a la expresión. Deténganse después de un minuto. Completen la tabla.

	Palabras leídas	–	Cantidad de errores	=	Puntaje: palabras correctas
Primera lectura		–		=	
Segunda lectura		–		=	

Nombre _____

Una tormenta inesperada

En una mañana de primavera, una familia paseaba por el prado. Después de una hora de caminata, se detuvieron bajo un árbol para comer unas frutas y beber un poco de agua. Cerca de ellos, había un arroyo de aguas cristalinas. Y un poco más allá había un sólido puente de madera. En un momento, los sorprendió un fuerte viento.

—Volvamos rápido a casa —dijo papá.

—Estamos muy lejos —dijo mamá—. Busquemos refugio debajo del puente.

Mientras caminaban hacia el puente, se desató una lluvia torrencial.

—¡Nos ensuciaremos la ropa! —dijo el pequeño Luciano.

—Eso no es importante ahora —dijo mamá—. Debemos ponernos a salvo.

Se protegieron debajo del puente hasta que la tormenta se calmó.

—Tenías razón, mamá —dijo Luciano—. Cuidar la ropa no era importante. Me has enseñado que en cada momento tenemos que tomar la mejor decisión.

Responde las preguntas sobre la selección.

1. **¿Cómo sabes que este texto es una ficción realista?**

   _____

   _____

2. **¿Por qué dijo Luciano que en cada momento tenemos que tomar la mejor decisión?**

   _____

   _____

Nombre _____

Lee cada una de las siguientes oraciones. Escribe la raíz de palabra de la palabra en negrilla sobre la línea. Luego escribe la definición de la palabra resaltada.

1. De ese modo, entre todos podrían evitar que haya **desdichados** en el mundo.

   _____

2. Muchos niños sufren **desnutrición** y enfermedades.

   _____

3. No debemos estar **desinformados**.

   _____

4. Mi tía dice que todo lo que hagamos ayudará al **fortalecimiento** de sus condiciones de vida.

   _____

5. Nosotros somos muy **afortunados**.

   _____

Nombre _____

A. Lee el borrador de ejemplo. Usa las siguientes preguntas como ayuda para variar la longitud de las oraciones.

Borrador

Mi guardapolvo es muy importante para mí. Mi mamá lo usó cuando era una niña. Ahora yo lo uso cuando comparto tiempo con mi mamá como en este momento.

---

1. ¿De qué manera podría el escritor combinar la primera y la segunda oración?

2. ¿Qué cuarta oración breve podría agregar el escritor después de la tercera oración larga para variar el ritmo?

3. ¿Podría eliminarse alguna de estas oraciones?

4. ¿De qué manera podrías mejorar el ritmo de la escritura? ¿Cómo podrías variar la longitud de la oración?

B. Ahora revisa el ejemplo. Crea fluidez en las oraciones con una combinación de oraciones largas y cortas sobre algo que el escritor valore.

_____

_____

_____

_____

Nombre _____

La estudiante que escribió el texto de abajo, usó evidencias de dos fuentes diferentes para seguir la instrucción: Escribe tu opinión sobre los cuentos de esta semana. Da razones que apoyen tu opinión.

Creo que a Lucas, el personaje principal de *A Lucas todo le sale mal*, lo único que le faltaba era poner un poco de atención. Era muy distraído. Cuando se quedó sin el amuleto y comenzó a estar pendiente de las cosas que debía hacer, ya nada le salió mal. Así aprendió a no creer en la mala suerte.

En cambio pienso que Gilanco, en "El viento Zonda", es un niño muy orgulloso y desobediente. Se aprovecha de su talento. No le importan los demás ni respeta la naturaleza. Por eso fue necesario que el hada lo obligara a ser responsable y respetuoso.

Vuelve a leer el texto. Sigue las instrucciones.

1. **Encierra en un círculo** un ejemplo de opinión.

2. **Encierra en un cuadro** las razones que apoyan una opinión.

3. **Subraya** dos oraciones de distinta longitud.

4. **Escribe** al menos dos ejemplos de adjetivos calificativos del texto que escribió Holly.

_____

Nombre _____

alivio	condición	discutir	estupefacto
prohibir	pronóstico	quejarse	varado

Completa cada oración usando la palabra de vocabulario provista.

1. **(varado)** El ómnibus no podía arrancar y _____

_____.

2. **(condición)** Durante los meses de invierno _____

_____.

3. **(discutir)** No es cortés _____

_____.

4. **(prohibir)** Había un gran letrero que _____

_____.

5. **(quejarse)** Después de ver esa película tan mala, _____

_____.

6. **(alivio)** Cuando la larga carrera terminó _____

_____.

7. **(estupefacto)** Mis compañeros de clase _____

_____.

8. **(pronóstico)** Para esta semana _____

_____.

Nombre _____

Lee el texto. Completa el organizador gráfico de tema.

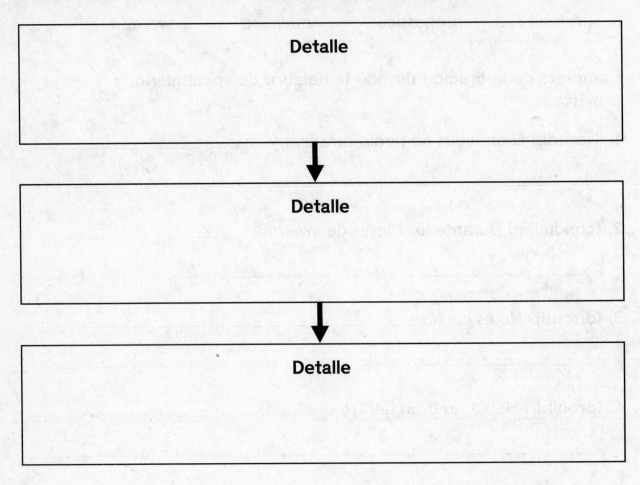

Detalle

Detalle

Detalle

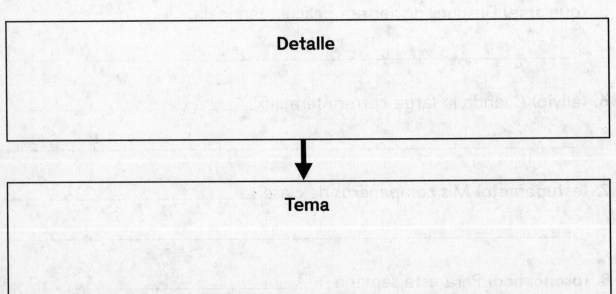

Detalle

Tema

Nombre _____

Lee el texto. Usa la estrategia de hacer predicciones para verificar tu comprensión a medida que lees.

Demasiado caluroso
para cultivar trigo

	Vivo en una granja en la zona del Atlántico Medio. Vivir aquí es
13	lo que siempre he conocido. Fui el primero de mi familia en nacer
26	aquí. Sin embargo, mis padres y mis dos hermanas vinieron desde
37	Inglaterra. Con frecuencia le pregunto a mi padre cómo era la vida
49	antes de que yo naciera. Siempre lo cuenta con orgullo. Mi familia
61	tuvo mucho coraje al dejar todo lo que conocía para comenzar una
73	nueva vida aquí. Por raro que parezca, fue el clima lo que ayudó a
87	mi familia a decidir dónde vivirían en esta nueva tierra.
97	A mi padre le gusta la aventura. Mi madre dice que si no está
111	explorando, está en conflicto y no sabe qué hacer con él. De modo
123	que cuando mi tío Charles se mudó a Nueva Inglaterra, mi padre
135	supo que también era el momento de comenzar una nueva vida.
146	Mudarse a Nueva Inglaterra significaría una aventura. Allí podría
155	hacer borrón y cuenta nueva.
161	Cuando mi familia llegó a Nueva Inglaterra, vivieron con mi
171	tío Charles durante unos meses. El tío Charles se convirtió en
182	pescador en Nueva Inglaterra. Debido a que hacía mucho frío en
193	el invierno, era difícil tener una granja. Mucha gente se dedicaba
204	a la pesca porque era más confiable pescar que cultivar. Podían
215	intercambiar el pescado por otros alimentos. Intentar cultivar en
224	el suelo rocoso que se cubría de nieve durante meses era difícil.

Nombre _____

Mi padre intentó tomarle la mano a la pesca, pero no tuvo mucho éxito. ¡Se dio cuenta de que no le gustaba estar en un bote! No pudo acostumbrarse al movimiento del barco. Cuanto más pensaba en eso, más se convencía de que quería ser granjero. Había escuchado a gente de la zona del Atlántico Medio hablar de sus granjas. Sonaba como la vida que él había soñado.

Después de consultarlo con la almohada y pensarlo mucho, mis padres compraron una granja en la zona del Atlántico Medio. Esa zona tenía un clima más cálido que Nueva Inglaterra. Debido al clima más agradable, la agricultura era menos dificultosa. Durante los siguientes tres años, cultivaron

granos en la granja. De hecho, la zona del Atlántico Medio es conocida como la Canasta de pan. Esto se debe a que aquí crece cualquier variedad de granos. Tener una granja exitosa en el cultivo de granos en el norte en Nueva Inglaterra no hubiera sido posible. Gracias al clima más cálido al sur, mi familia ha encontrado la vida que quería.

La granja funcionó bastante bien. Mi madre hasta abrió una panadería en el pueblo. Poco tiempo después nací yo. He ayudado en la granja y en la panadería desde que puedo recordarlo. El clima impactó con seguridad en el lugar en que mi familia decidió vivir. No hubiéramos podido tener la misma vida más al norte. Mi familia encontró aventura, un nuevo hogar y un negocio familiar. Nuestra vida es la mejor que puedo imaginar. Sé que mis padres hicieron la elección correcta.

Nombre _____

A. Vuelve a leer el texto y responde las preguntas.

1. **En el primer párrafo, ¿qué dice el narrador que ayudó a la familia a decidir dónde se mudaría?**

_____

_____

2. **¿Cuáles son dos motivos por los que la familia se mudó de Nueva Inglaterra a las colonias del Atlántico Medio?**

_____

_____

3. **¿Cuál es el tema de este cuento?**

_____

_____

B. Trabaja con un compañero o compañera. Lean el texto en voz alta. Presten atención al fraseo. Deténganse después de un minuto. Completen la tabla.

	Palabras leídas	–	Cantidad de errores	=	Puntaje: palabras correctas
Primera lectura		–		=	
Segunda lectura		–		=	

Nombre _____

El muchacho del valle del río Tigris

El caluroso sol brillaba sobre el valle seco. Ilulu había estado cavando durante horas y estaba muy cansado. Se detuvo a tomar un breve descanso y observó los canales que se extendían a lo largo del valle. El trabajo había sido satisfactorio, pero todavía quedaba mucho por hacer antes de que llegara la estación de la lluvia. Si los canales se terminaban a tiempo, la gente del  valle podía usar el agua para regar los cultivos. Pero si los canales no se terminaban, el río se desbordaría y se llevaría los cultivos.

Responde las preguntas sobre la selección.

1. **¿Cómo sabes que este texto es ficción histórica?**

   _____

2. **¿Qué características del texto incluye el texto?**

   _____

3. **¿De qué manera te ayuda la ilustración a comprender el texto?**

   _____

   _____

4. **¿De qué manera afecta el clima a los habitantes del valle del río Tigris?**

   _____

Nombre _____

Lee cada uno de los siguientes textos. Subraya las claves de contexto que te ayudan a comprender cada modismo en negrilla. Luego escribe el significado del modismo sobre la línea.

1. De modo que cuando mi tío Charles se mudó a Nueva Inglaterra, mi padre supo que también era el momento de comenzar una nueva vida. Mudarse significaría una aventura. Allí podría **hacer borrón y cuenta nueva**.

   _____

2. Mi padre intentó **tomarle la mano** a la pesca. No tuvo mucho éxito. ¡Se dio cuenta de que no le gustaba estar en un bote!

   _____

3. Después de **consultarlo con la almohada** y pensarlo mucho, mis padres compraron una granja en la zona del Atlántico Medio.

   _____

   _____

Nombre _____

A. Lee el borrador de ejemplo. Usa las siguientes preguntas como ayuda para usar palabras de enlace para conectar las ideas.

Borrador

Era mediados de julio. El verano es la estación de los tornados en Michigan. Se suponía que sería un lindo día. El cielo comenzó a oscurecerse. Los tornados se forman rápidamente. Mi hermano se sorprendió por lo rápido que apareció.

---

1. ¿Qué palabra de enlace podría conectar las dos primeras ideas?

2. ¿Qué palabra de enlace podría mostrar de qué manera son diferentes la tercera y la cuarta idea?

3. ¿Qué palabra de enlace podría mostrar la relación entre las dos últimas ideas?

B. Ahora revisa el ejemplo. Agrega palabras de enlace para mostrar cómo se conectan las ideas.

_____

_____

_____

_____

_____

_____

Nombre _____

La estudiante que escribió el texto de abajo usó evidencias de dos fuentes distintas para seguir la instrucción: *Escribe una carta de Wren a un amigo que vive en otro estado que explique cómo la inundación afectó a su familia. Usa detalles de ambos textos.*

Querida Ana:

   No te preocupes, ¡estamos bien! Seguro has oído sobre las terribles inundaciones en Vermont el mes pasado. Hasta ese momento, nunca había analizado cuánto nos afecta el clima. ¡Ahora comprendo que es una de las fuerzas más poderosas que conocemos! El clima marca cómo nos vestimos y sentimos. Afecta los alimentos que cultivamos, los animales que criamos e incluso dónde vivimos. Por suerte, el abuelo ha construido una casa para la abuela en un terreno mucho más alto que el río. Ahora vivimos allí porque a nuestra vieja casa y al granero se los llevó la corriente. Hay barro por todas partes. Es triste encontrar animales muertos, fotografías y libros en lugares extraños pero nos esforzamos por volver a la normalidad. Mientras siga soleado y no llueva, pienso que será pronto. ¡Cuídate de la lluvia!

Tu amiga,
Wren

Vuelve a leer el texto. Sigue las instrucciones.

1. **Encierra en un cuadro** la oración que presenta la carta.

2. **Subraya** un ejemplo de un conector que se usó para unir dos ideas.

3. **Encierra en un círculo** un detalle o una descripción que respalda el texto.

4. **Escribe** un ejemplo de un adjetivo de comparación.

Nombre _____

aplomo	culto	entereza	distinguir
laborioso	meta	motivar	tertulia

Usa una palabra del cuadro para responder cada pregunta.
Luego usa la palabra en una oración.

1. ¿Qué palabra significa "objetivo o propósito"?

_____

2. Cuando tienes serenidad para resolver una situación, ¿qué característica tienes? _____

_____

3. ¿Cómo es una persona que es muy trabajadora?

_____

4. ¿Qué se necesita hacer para inspirar a alguien? _____

_____

5. ¿Qué palabra significa "fortaleza, constancia, integridad"?

_____

6. ¿Qué significa conocer la diferencia entre una cosa y otra?

_____

7. ¿Qué palabra se usa para describir a alguien que se educó, leyó y sabe mucho en general?

_____

8. ¿Cómo se llama a la reunión de personas que se juntan para conversar?

_____

Nombre _____

Lee el texto. Completa el organizador gráfico de problema y solución.

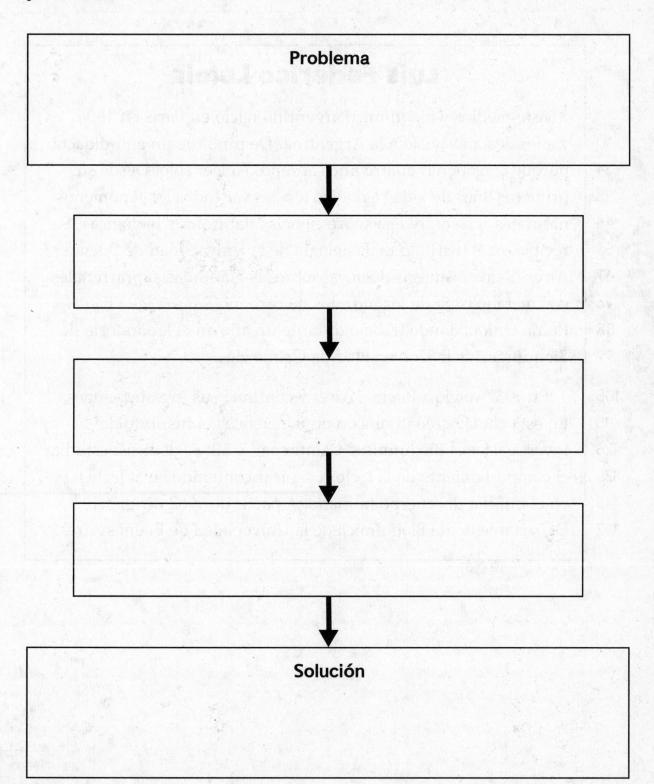

Nombre _____

Lee el texto. Usa la estrategia de volver a leer como ayuda para comprender la biografía.

Luis Federico Leloir

	Este médico y bioquímico argentino nació en París en 1906,
10	y a los dos años viajó a la Argentina. De niño fue un autodidacta,
24	porque con apenas cuatro años aprendió a leer solo. Desde sus
35	primeros años de vida se dedicó a observar todos los fenómenos
46	naturales, y siempre leía sobre ciencias naturales y biológicas. Se
56	recibió en el Instituto de Fisiología de la Universidad de Buenos
67	Aires. Realizó su tesis doctoral sobre las glándulas suprarrenales
76	y el metabolismo de los hidratos de carbono. Más tarde viajó al
88	Reino Unido, donde trabajó durante un año en el laboratorio de
99	Bioquímica de la Universidad de Cambridge.
105	En 1937 volvió a Buenos Aires y continuó sus investigaciones.
115	En esta ciudad creó junto con otras personas el Instituto de
126	Investigaciones Bioquímicas Campomar, y allí se dedicó a estudiar
135	el comportamiento de la lactosa (azúcar contenido en la leche)
145	en el interior del cuerpo humano. A partir de 1962 dirigió el
157	Departamento de Bioquímica de la Universidad de Buenos Aires.

Nombre _____

En 1970 recibió el Premio Nobel de Química debido a sus descubrimientos sobre los componentes de los ácidos nucleicos. De esta manera se convirtió en el primer latinoamericano en obtenerlo. Siempre fue un hombre muy generoso; lo demostró cuando donó al Instituto Campomar los 80 mil dólares que había recibido de la Fundación Nobel para que continuaran las investigaciones. El día en que se dio a conocer su premio, dijo: "Es solo un paso de una larga investigación. Descubrí (no yo, mi equipo) la función de los nucleótidos azúcares en el metabolismo celular. Yo quisiera que lo entendieran, pero no es fácil explicarlo. Tampoco es una hazaña: es apenas saber un poco más". Posteriormente encabezó un equipo que descubrió por qué se produce la galactosemia, una enfermedad muy grave que consiste en la intolerancia a la leche.

Falleció en Buenos Aires el 2 de diciembre de 1987, a los 81 años, tras un ataque cardíaco poco después de llegar del laboratorio a su casa. Fue enterrado en el Cementerio de La Recoleta.

Nombre _____

A. Vuelve a leer el texto y responde las preguntas.

1. ¿Qué Instituto crearon Leloir y otras personas en Buenos Aires?

_____

_____

2. ¿Qué es la lactosa?

_____

_____

3. ¿Hubo algún científico latinoamericano que haya obtenido el Premio Nobel de Medicina antes que él?

_____

_____

B. Trabaja con un compañero o compañera. Lean el texto en voz alta. Presten atención a la precisión y al fraseo. Deténganse después de un minuto. Completen la tabla.

	Palabras leídas	–	Cantidad de errores	=	Puntaje: palabras correctas
Primera lectura		–		=	
Segunda lectura		–		=	

Nombre _____

Bessie Coleman

En Chicago, Bessie trabajaba con su hermano Walter en una peluquería, pero quería obtener algo más en la vida. Cuando su hermano John volvió a casa después de la Primera Guerra Mundial, bromeó con ella diciéndole cuánto mejor eran las mujeres francesas. Tenían carreras de verdad; ¡algunas hasta volaban aviones! Después de escuchar esto, Bessie decidió convertirse en piloto. Sin embargo, como mujer afroamericana, no podía obtener una licencia de piloto en América. Con el apoyo de sus amigos, finalmente pudo inscribirse en un curso para pilotos en Francia.

National Aeronautics and Space Administration (NASA)

Bessie Coleman recibió su licencia de piloto en Francia.

Responde las preguntas sobre la selección.

1. ¿Cómo sabes que este texto es una biografía?

_____

2. ¿Qué característica del texto se incluye en el texto?

_____

3. ¿De qué manera la característica del texto te ayuda a comprender el texto?

_____

4. ¿Qué hizo que Bessie Coleman quisiera convertirse en piloto?

_____

Nombre _____

> Significados de raíces griegas y latinas:
>
> *Bio*: vida. Ej.: *biología*.
>
> *Post*: después. Ej.: *posterior*
>
> *Auto*: por sí mismo.
> Ej.: *autocontrol*.
>
> *Cardio*: relativo al corazón.
> Ej.: *cardiovascular*

Usa las raíces griegas y latinas del cuadro anterior para hallar el significado de cada una de las siguientes palabras (puedes ayudarte con un diccionario). Escribe el significado de la palabra sobre la línea. Luego usa cada palabra en una oración.

1. Bioquímico: _____

   _____

   _____

2. Autodidacta: _____

   _____

   _____

3. Posteriormente: _____

   _____

   _____

4. Cardíaco: _____

   _____

   _____

Nombre _____

A. Lee el borrador de ejemplo. Usa las siguientes preguntas como ayuda para poner las ideas en orden.

Borrador

Es un lugar para encontrarse con amigos y también para aprender. La escuela es una parte importante del crecimiento. Por eso es importante ir a la escuela. La escuela enseña valiosas habilidades, como, por ejemplo, la lectura.

---

1. ¿Cuál debería ser la primera oración del borrador?

2. ¿Cuál debería ser la última oración del borrador?

3. ¿De qué otra manera deberían volver a organizarse las oraciones para mejorar la lógica del borrador?

B. Ahora revisa el ejemplo. Vuelve a ordenar las oraciones de modo que tengan sentido.

_____

_____

_____

_____

_____

_____

Nombre _____

El estudiante que escribió el texto de abajo, usó evidencias de dos fuentes diferentes para seguir la instrucción: ¿Qué hay que hacer para conseguir lo que anhelamos?

En *Juana Inés* aprendí que si queremos algo especial tenemos que fijarnos metas y trabajar mucho para conseguirlas. Juana Inés aprendió a leer y escribir siendo pequeña. Luego leyó muchísimo en casa de su abuelo y finalmente entró a un convento, donde siguió estudiando y escribiendo durante el resto de su vida. Finalmente alcanzó su meta porque todavía hoy se leen sus escritos.

En "Viaje a la ciudad lunar", leí que María había soñado desde pequeña con viajar a la Luna. Para lograr aquel sueño, se presentó en el Concurso Espacial Nacional con un proyecto de ciencias. Ganó ese concurso y fue premiada con un viaje a la Luna. Tuvo que esforzarse y trabajar mucho pero, ¡logró hacer realidad su sueño!

Vuelve a leer el texto. Sigue las instrucciones.

1. **Encierra en un círculo** una oración que presente el tema.

2. **Encierra en un cuadro** una oración que exprese un buen final.

3. **Subraya** un ejemplo de secuencia.

4. Escribe al menos dos ejemplos de adjetivos demostrativos del texto que escribió Yusuf.

_____

Nombre _____

| amenazado | desprevenido | fabuloso | fauna |
| habitar | ilegal | requisito | respetar |

Completa cada oración usando la palabra de vocabulario provista.

1. (habitar) Hay muchos tipos de animales pequeños _____

_____ .

2. (fauna) Hicimos una larga caminata por el bosque y _____

_____ .

3. (amenazado) Aprendí que un cierto tipo de búho _____

_____ .

4. (ilegal) Conducir por encima del límite de velocidad _____

_____ .

5. (desprevenido) El final de la clase _____

_____ .

6. (requisito) Para obtener el carné de la biblioteca _____

_____ .

7. (respetar) Mi madre ha sido maestra por diez años _____

_____ .

8. (fabuloso) Ayudar a mi hermano a arreglar su automóvil _____

_____ .

Nombre _____

Lee el texto. Completa el organizador gráfico de comparar y contrastar.

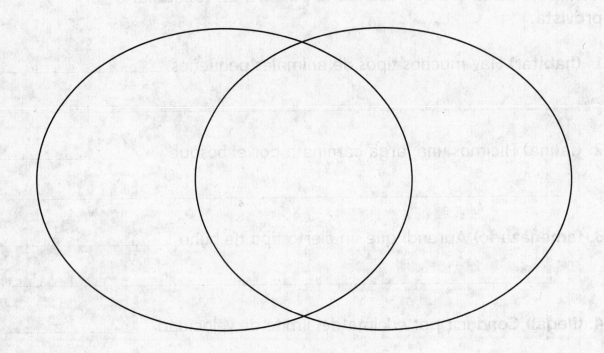

Nombre _____

Lee el texto. Usa la estrategia de volver a leer como ayuda para comprender los datos nuevos o las explicaciones difíciles.

La desaparición de las abejas

	Haz una caminata por la naturaleza. Puede que no pase mucho
11	tiempo hasta que veas abejas zumbando alrededor de una flor.
21	Esta es una imagen que la mayoría de la gente está acostumbrada
33	a ver. Pero ahora hay una inquietud en torno a las abejas.
45	Las personas están preocupadas porque la cantidad de abejas
54	melíferas ha ido disminuyendo. Y nadie sabe con certeza por qué.
65	**Qué está sucediendo y por qué**
71	Los estudios muestran que las colonias de abejas en los Estados
81	Unidos están desapareciendo. Este es un problema que se llama
91	Trastorno del Colapso de Colonias. Lo observó por primera vez
101	en el año 2006 un grupo de apicultores. Varios grandes grupos
112	de abejas que vivían juntas tenían menos abejas. Desde entonces,
122	casi un tercio de las colonias se ha marchado.
132	Entonces, ¿cuál es la causa? La respuesta no es del todo clara
144	todavía. Los aerosoles para las plantas pueden desempeñar un rol en
155	hacer que las abejas se enfermen. Por lo general, se rocían productos
167	químicos en las plantas para que ciertos insectos no las dañen. Es
179	posible que los aerosoles más nuevos estén perturbando a las abejas.
190	Hay otras causas posibles. Nuevos gérmenes desconocidos, es
198	decir, diminutos seres vivos que pueden causar enfermedades,
206	también tienen una función en hacer que las abejas se enfermen.
217	La falta de alimento y agua también es un problema para las
229	abejas. Demasiadas abejas en la colmena también hacen su aporte
239	al estrés que sufren estos insectos.

Nombre _____

Por qué necesitamos de las abejas

Las abejas son importantes para nosotros por muchos motivos. Para comenzar, desempeñan una parte importante en el crecimiento de nuevas plantas. Transportan una sustancia llamada "polen", de una parte de la flor a la otra. Las abejas también pueden transportar el polen a una nueva planta. Esto ayuda a que las plantas produzcan semillas. De las semillas crecen más plantas. Las abejas llevan a cabo el mismo proceso, o serie de acciones, para muchas plantas que los granjeros cultivan. Una cantidad de estas plantas, llamadas cultivos, producen los alimentos que comemos. Las manzanas, las zanahorias y las cerezas son algunos ejemplos. Menos cantidad de abejas significa que los granjeros tendrán menos cantidad de estos cultivos.

Estados afectados por el Trastorno del Colapso de Colonias

El mapa muestra los estados afectados por el Trastorno del Colapso de Colonias, según lo informado en el año 2011 por el Servicio de investigación del Congreso.

Las abejas también afectan la cantidad de cultivos que se compran y se venden. Los granjeros venden los alimentos que cultivan a las tiendas. Las tiendas venden los alimentos a la gente. Sin abejas, los compradores tendrían menos cultivos para comprar. Los vendedores ganarían menos dinero en sus tiendas.

Menos abejas significarán también menos miel. Las abejas que producen la miel toman un fluido dulce de las plantas llamado "néctar". Usan este líquido para hacer la miel en sus colmenas. La gente ha recolectado miel por años y todavía hoy se usa. La usan para hacer alimentos y bebidas dulces. La miel puede comenzar a escasear, o ser difícil de encontrar, sin las abejas melíferas.

Entonces la próxima vez que estés en tu jardín, piensa en las abejas. No pongas nada en tus plantas que pudiera dañarlas. Te sentirás feliz con lo que has hecho.

Nombre _____

A. Vuelve a leer el texto y responde las preguntas.

1. **¿Qué tiene en común todo lo que se menciona en el tercer y cuarto párrafo?**

   _____

   _____

2. **¿De qué manera difiere todo lo enumerado en el tercer y cuarto párrafo?**

   _____

3. **Compara y contrasta el polen y el néctar en el quinto y octavo párrafo. ¿En qué se parecen y en qué son diferentes?**

   _____

   _____

   _____

B. Trabaja con un compañero o compañera. Lean el texto en voz alta. Presten atención al fraseo. Deténganse después de un minuto. Completen la tabla.

	Palabras leídas	−	Cantidad de errores	=	Puntaje: palabras correctas
Primera lectura		−		=	
Segunda lectura		−		=	

Nombre _____

¿Qué tan buenos son los mosquitos?

Algunas personas piensan que los mosquitos no son animales muy útiles. Después de todo, la mayoría de nosotros conocemos a los mosquitos por la picazón que nos produce su picadura. Pero los mosquitos cumplen una parte importante en muchos ecosistemas. Por ejemplo, las libélulas dependen de los mosquitos para comer. Sin una gran población de mosquitos, las libélulas no podrían sobrevivir. Si la cantidad de libélulas disminuye demasiado, los animales que dependen de ellas podrían extinguirse.

Cadena alimenticia de un humedal
Pájaros grandes
Ranas
Libélulas
Mosquitos

Las libélulas necesitan de los mosquitos, las ranas necesitan de las libélulas y los pájaros necesitan de las ranas.

Responde las preguntas sobre la selección.

1. ¿Cómo sabes que este es un texto expositivo?

_____

2. ¿Qué característica del texto se incluye en el texto?

_____

3. ¿De qué manera la característica del texto te ayuda a comprender el tema?

_____

4. ¿Por qué son importantes los mosquitos?

_____

Nombre _____

Lee las siguientes oraciones. Subraya las claves de contexto que te ayudan a comprender el significado de cada palabra en negrilla. Luego escribe el significado de la palabra en negrilla sobre la línea.

1. Pero ahora hay una **inquietud** en torno a las abejas. Las personas están preocupadas porque la cantidad de abejas melíferas ha ido disminuyendo. Y nadie sabe con certeza por qué.

   _____

2. Los estudios muestran que las **colonias** de abejas en los Estados Unidos están desapareciendo. Este es un problema que se llama Trastorno del Colapso de Colonias. Lo observó por primera vez en el año 2006 un grupo de apicultores. Varios grandes grupos de abejas que vivían juntas tenían menos abejas.

   _____

3. Nuevos **gérmenes** desconocidos, es decir, diminutos seres vivos que pueden causar enfermedades, también tienen una función en hacer que las abejas se enfermen. La falta de alimento y agua también es un problema para las abejas.

   _____

4. Las abejas llevan a cabo el mismo **proceso**, o serie de acciones, para muchas plantas que los granjeros cultivan. Una cantidad de estas plantas, llamadas cultivos, producen los alimentos que comemos. .

   _____

5. Menos abejas significarán también menos miel. Las abejas que producen la miel toman un **fluido** dulce de las plantas llamado néctar. Usan este líquido para hacer la miel en sus colmenas.

   _____

Nombre _____

A. Lee el borrador de ejemplo. Usa las siguientes preguntas como ayuda para pensar cómo puedes agregar un buen final que vuelva a contar la idea principal.

Borrador

No me gustaban los cerdos. Pensaba que los cerdos eran sucios. No pensaba que eran inteligentes. Luego aprendí que los cerdos son unos de los animales más inteligentes del planeta. Los cerdos hasta pueden tenerse como mascotas.

---

1. ¿Cuál es la idea principal?

2. ¿Qué aprendió el narrador sobre la suciedad de los cerdos?

3. ¿Qué aprendió el narrador sobre la inteligencia de los cerdos?

4. ¿Qué conclusión podría agregarse para volver a contar la idea principal?

B. Ahora revisa el ejemplo. Agrega un buen final que vuelva a contar la idea principal.

_____

_____

_____

_____

Nombre _____

El estudiante que escribió el texto de abajo usó evidencias de dos fuentes distintas para seguir la pregunta: *¿Se parecía Viejo Cocodrilo a un cocodrilo real? ¿Por qué o por qué no?*

Viejo Cocodrilo, del cuento "El mono y el cocodrilo", actuaba como un cocodrilo real de muchas maneras. Leí en *Lagartos y cocodrilos* que los cocodrilos son carnívoros. Sé que Viejo Cocodrilo era carnívoro porque planeaba comerse a Mono en el almuerzo. En *Lagartos y cocodrilos*, también leí cómo los cocodrilos obtienen su alimento. Nadan hacia su presa muy lentamente. O permanecen quietos y esperan que su presa esté más cerca. Luego, la atrapan con sus fuertes mandíbulas. Viejo Cocodrilo actuó justo así. Se escondió en el agua hasta que el mono se subió a su lomo. Luego, lo tomó de la cola.

A diferencia de un cocodrilo real, Viejo Cocodrilo podía hablar. Los cocodrilos y monos reales no conversan. Pero Viejo Cocodrilo era como un cocodrilo real por muchas razones. Estaba listo para atrapar a su presa y comerla. ¡Mono tuvo mucha suerte de poder escapar!

Vuelve a leer el texto. Sigue las instrucciones.

1. **Encierra en un cuadro** la oración de la idea principal.

2. **Encierra en un círculo** un ejemplo que respalda el texto en el primer párrafo.

3. **Subraya** un ejemplo que respalda el texto en el segundo párrafo.

4. Escribe un ejemplo de un adverbio comparativo en el texto.

_____

Nombre _____

chancleta   revés   risotada   risueño

Usa una palabra del cuadro para responder cada pregunta.
Luego usa la palabra en una oración.

1. ¿Cómo se llama la chinela sin talón que se usa para estar en casa?

   _____

   _____

2. ¿Qué nombre recibe la parte opuesta de algo? _____

   _____

   _____

3. ¿Cuál es un sinónimo de risa fuerte y sonora? _____

   _____

   _____

4. ¿Cómo llamamos a una persona que se ríe mucho y con
   facilidad? _____

   _____

Nombre _____

Lee el texto. Completa el organizador gráfico de punto de vista.

Detalles

↓

Punto de vista

Nombre _____

Lee el poema. Comprueba tu comprensión preguntándote qué siente o piensa el narrador.

¡EXTRATERRESTRES!

Mientras esperábamos mano sobre mano

5   que mamá terminara y se subiera al auto,

13   papá nos dijo a mí y a mi hermano

22   "Me temo hoy debo tirar una bomba".

29   Sin pelos en la lengua, habló con voz de trueno:

39   "Espero que escuchen tranquilos y serenos.

45   En este lugar solitario y campestre,

51   hoy están presentes unos extraterrestres".

56   "La gente se asusta, no puede entender

63   que aquí haya personas con otro poder.

70   Y aunque tenemos vidas comunes, silvestres,

76   muchachos, somos nosotros los extraterrestres".

81   Quedé con la boca abierta. ¡Qué noticia más oportuna!

90   Mi hermano no la oyó porque estaba en la luna.

100   Quedé en ascuas con su afirmación.

106   Impresionado y ansioso, yo solo esperaba una explicación.

114   No habló más mi padre. Fue directo al grano.

123   Esperó a mi madre, tomó los controles

130   y en un abrir y cerrar de ojos elevó nuestro auto

141   que salió volando como un aeroplano.

147   Yo estaba encantado.

Nombre _____

A. Vuelve a leer el poema y responde las preguntas.

1. ¿Sobre qué trata el poema?

_____

_____

2. ¿Cuál es el punto de vista del narrador en el poema?

_____

_____

_____

3. ¿Qué claves en el poema te dicen cuál es el punto de vista del narrador?

_____

_____

B. Trabaja con un compañero o compañera. Lean el poema en voz alta. Presten atención al fraseo y a la expresión. Deténganse después de un minuto. Completen la tabla.

	Palabras leídas	–	Cantidad de errores	=	Puntaje: palabras correctas
Primera lectura		–		=	
Segunda lectura		–		=	

Nombre _____

El abominable hombre de las nieves

Este hombrecito es espeluznante.
Tiene por ojos dos latas brillantes,
su boca es un trozo de pizza sobrante
y el recio bigote, una papa crocante.

En una mano lleva un palo común
coronado por una vieja lata de atún.
En la otra mano está su cabeza
con una sonrisa que muestra
extrañeza.

Responde las preguntas sobre el poema.

1. **¿Cuántas estrofas tiene el poema? ¿Cuántos versos tiene cada estrofa?**

   _____

2. **¿Qué versos de la primera estrofa riman?**

   _____

3. **¿Qué historia cuenta el poema?**

   _____

4. **¿Qué piensa el narrador sobre el muñeco de nieve?**

   _____

   _____

Nombre _____

Lee los versos del siguiente poema narrativo. Luego responde las preguntas.

¡Extraterrestres!

"La gente se asusta, no puede entender
que aquí haya personas con otro poder.
Y aunque tenemos vidas comunes, silvestres,
muchachos, somos nosotros los extraterrestres".

Quedé con la boca abierta. ¡Qué noticia más oportuna!
Mi hermano no la oyó porque estaba en la luna.
Quedé en ascuas con su afirmación.
Impresionado y ansioso, yo solo esperaba una explicación.

1. Encuentra dos ejemplos de rima en el poema. Escríbelos sobre la línea.

_____

2. ¿De qué manera reconoces la rima en el poema? _____

_____

3. Escribe otra estrofa para el poema que incluya ritmo y rima.

_____

_____

Nombre _____

Lee cada fragmento. Halla el modismo y escríbelo sobre la línea. Luego escribe su significado.

1. Mientras esperábamos mano sobre mano
   que mamá terminara y se subiera al auto

   _____

   _____

2. papá nos dijo a mí y a mi hermano
   "Me temo que hoy debo tirar una bomba"

   _____

   _____

3. Quedé con la boca abierta.

   _____

   _____

4. Mi hermano no la oyó porque estaba en la luna

   _____

   _____

Nombre _____

A. Lee el borrador de ejemplo. Usa las siguientes preguntas como ayuda para pensar qué palabras precisas puedes agregar.

Borrador

Los payasos me hacen reír. Me gusta ir al circo. Es gracioso cuando muchos payasos salen de un automóvil. Siempre hay un payaso en el parque. Infla globos con forma de animales para todos los niños.

---

1. ¿Qué palabras precisas se podrían usar para ayudar a que el borrador sea más claro para el lector?

2. ¿Qué palabras precisas ayudarían a los lectores a visualizar los payasos, el automóvil y el parque?

3. ¿Qué adjetivos se podrían usar para describir los globos con formas de animales?

B. Ahora revisa el ejemplo. Agrega palabras precisas para que la lectura del borrador sea más interesante.

_____
_____
_____
_____
_____
_____
_____

Nombre _____

La estudiante que escribió el texto de abajo usó evidencias de dos fuentes distintas para seguir la instrucción: Escribe poema divertido con rima y diálogo.

—Le aseguro a usted, señora,
que las agujas del reloj
tejen muy bien la hora,
a veces muy lentamente.

—No se equivoque, Maruja,
el reloj es un botón
que se cose con agujas,
siempre muy rápidamente.

Vuelve a leer el texto. Sigue las instrucciones.

1. **Encierra en un círculo** un ejemplo de rima.

2. **Encierra en un cuadro** un ejemplo de diálogo.

3. **Subraya** un ejemplo de metáfora escrita con palabras precisas.

4. Escribe al menos dos adverbios.

_____